2013年
全国暂住人口统计资料汇编

公安部治安管理局　编

群众出版社
·北京·

图书在版编目（CIP）数据

2013 年全国暂住人口统计资料汇编/公安部治安管理局编．—北京：群众出版社，2014.1

ISBN 978 -7 -5014 -5215 -6

Ⅰ.①2…　Ⅱ.①公…　Ⅲ.①暂住人口—人口统计—统计资料—汇编—中国—2013　Ⅳ.①C924.25

中国版本图书馆 CIP 数据核字（2014）第 028173 号

2013 年全国暂住人口统计资料汇编

公安部治安管理局　编

出版发行：群众出版社
地　　址：北京市西城区木樨地南里
邮政编码：100038
经　　销：新华书店
印　　刷：北京通天印刷有限责任公司

版　　次：2014 年 3 月第 1 版
印　　次：2014 年 3 月第 1 次
印　　张：7.5
开　　本：787 毫米×1092 毫米　1/16
字　　数：174 千字
印　　数：1~1100 册

书　　号：ISBN 978 -7 -5014 -5215 -6
定　　价：30.00 元

网　　址：www.qzcbs.com
电子邮箱：qzcbs@sohu.com

营销中心电话：010 -83903254
读者服务部电话（门市）：010 -83903257
警官读者俱乐部电话（网购、邮购）：010 -83903253
公安综合分社电话：010 -83901870

主　编　刘绍武
副主编　黄双全
编　辑　陈　浩　缪灵芝　王　洋
　　　　　刘　松　薛广彬　于　征

编辑说明

一、《2013 年全国暂住人口统计资料汇编》比较全面地反映了全国（不含香港、澳门特别行政区和台湾省）登记的暂住人口的基本状况，主要包括：暂住人口分布、就业、居住处所、来自地区等情况，是各级政府和有关部门制定暂住人口管理有关政策的重要依据，也为社会各界人士分析、研究暂住人口有关情况提供了丰富的资料。

二、本书由公安部治安管理局根据各省、自治区、直辖市公安治安、户政部门逐级上报的数据汇编而成，统计时点为 2013 年 6 月 30 日 24 时。

三、本汇编分为两部分：

1. 全国暂住人口情况；

2. 各省、自治区、直辖市暂住人口情况。

四、本汇编在数据收集、整理、汇总过程中得到全国各级公安治安、户政部门的大力支持，谨此致谢。

编　者

2013 年 9 月

目 录

全国暂住人口情况

各省、自治区、直辖市暂住人口情况

全国暂住人口情况

全国暂住

甲		合计	性别		暂住时间			来	
			男	女	半年以下	半年至五年	五年以上	省内	
								市	县
		1	2	3	4	5	6	7	8
合计	1	**173 877 845**	**103 033 998**	**70 843 847**	**44 740 755**	**103 993 497**	**25 143 593**	**20 464 216**	**43 768 473**
务工	2	116 007 022	69 919 527	46 087 495	28 102 921	72 535 490	15 368 611	11 820 132	27 938 873
务农	3	3 014 301	1 726 134	1 288 167	560 549	1 733 276	720 476	381 923	999 261
经商	4	12 629 397	7 679 853	4 949 544	2 295 942	7 377 611	2 955 844	2 122 919	3 504 123
服务	5	7 964 423	3 950 173	4 014 250	1 555 891	4 805 764	1 602 768	1 146 377	2 366 122
因公出差	6	896 256	581 395	314 861	550 854	269 916	75 486	191 944	271 562
借读培训	7	7 614 959	4 128 951	3 486 008	1 152 780	5 467 732	994 447	1 659 132	2 985 473
治病疗养	8	257 110	142 973	114 137	132 196	96 452	28 462	54 619	109 026
保姆	9	434 615	72 137	362 478	84 109	255 786	94 720	57 838	140 067
投靠亲友	10	4 404 128	1 991 192	2 412 936	950 000	2 564 999	889 129	520 474	1 035 468
探亲访友	11	1 395 957	708 708	687 249	525 148	710 682	160 127	206 663	312 874
旅游观光	12	5 261 157	4 238 689	1 022 468	4 940 726	266 019	54 412	399 492	456 287
其他	13	13 998 520	7 894 266	6 104 254	3 889 639	7 909 770	2 199 111	1 902 703	3 649 337

人口总数

自地区				居住处所					
省外		港澳台	国外	旅店	居民家中	单位内部	工地现场	租赁房屋	其他
市	县								
9	10	11	12	13	14	15	16	17	18
35 672 784	**72 827 012**	**460 300**	**685 060**	**7 570 382**	**20 192 012**	**39 190 936**	**12 524 179**	**83 336 724**	**11 063 612**
22 146 325	53 808 576	146 846	146 270	740 834	10 803 976	29 150 791	10 862 619	58 973 097	5 475 705
473 243	1 157 867	1 237	770	31 569	778 428	350 248	245 439	1 229 085	379 532
2 568 351	4 281 096	76 676	76 232	399 762	1 939 064	1 272 048	394 625	7 632 431	991 467
1 558 908	2 877 649	4 596	10 771	168 203	846 525	1 678 266	334 893	4 456 743	479 793
171 448	216 941	9 087	35 274	516 226	56 550	148 057	18 016	116 582	40 825
1 058 932	1 854 986	13 043	43 393	105 245	610 118	4 291 090	66 160	1 637 853	904 493
42 897	49 074	654	840	28 341	43 753	73 024	2 713	63 702	45 577
83 852	151 929	448	481	3 050	227 459	24 446	9 764	141 318	28 578
1 114 667	1 691 920	21 350	20 249	44 994	1 839 629	218 223	60 101	1 860 889	380 292
308 055	424 570	42 072	101 723	138 261	612 502	75 800	21 192	441 792	106 410
3 565 280	549 925	97 099	193 074	4 830 874	115 583	32 522	5 694	183 118	93 366
2 580 826	5 762 479	47 192	55 983	563 023	2 318 425	1 876 421	502 963	6 600 114	2 137 574

市 暂 住

甲		合计	性别		暂住时间			来	
								省内	
			男	女	半年以下	半年至五年	五年以上	市	县
甲		1	2	3	4	5	6	7	8
合　计	1	**152 288 000**	**89 332 554**	**62 955 446**	**39 698 693**	**90 825 241**	**21 764 066**	**17 812 020**	**36 538 073**
务　工	2	102 198 938	60 649 716	41 549 222	25 009 856	63 629 906	13 559 176	10 362 796	23 915 087
务　农	3	2 190 298	1 239 083	951 215	386 413	1 301 718	502 167	279 979	611 758
经　商	4	10 619 809	6 414 423	4 205 386	1 989 364	6 230 658	2 399 787	1 754 487	2 769 523
服　务	5	7 042 339	3 509 547	3 532 792	1 376 241	4 270 279	1 395 819	1 006 503	1 994 188
因公出差	6	799 885	509 452	290 433	500 145	236 428	63 312	168 988	232 092
借读培训	7	6 778 321	3 664 632	3 113 689	1 050 955	4 871 142	856 224	1 535 293	2 434 774
治病疗养	8	206 318	114 930	91 388	103 362	80 860	22 096	47 312	71 663
保　姆	9	368 449	61 196	307 253	70 659	220 427	77 363	48 582	112 268
投靠亲友	10	3 782 635	1 721 710	2 060 925	806 763	2 221 996	753 876	446 025	796 321
探亲访友	11	1 160 846	580 750	580 096	406 921	613 283	140 642	163 242	212 425
旅游观光	12	4 851 649	3 976 124	875 525	4 552 831	248 114	50 704	322 576	324 220
其　他	13	12 288 513	6 890 991	5 397 522	3 445 183	6 900 430	1 942 900	1 676 237	3 063 754

人口总数

自地区				居住处所					
省外		港澳台	国外	旅店	居民家中	单位内部	工地现场	租赁房屋	其他
市	县								
9	10	11	12	13	14	15	16	17	18
32 850 109	**63 994 278**	**445 928**	**647 592**	**6 761 089**	**16 867 062**	**33 992 275**	**9 474 128**	**75 706 736**	**9 486 710**
20 276 305	47 355 192	145 006	144 552	616 280	9 324 243	25 204 435	8 153 468	54 151 155	4 749 357
397 537	899 133	1 189	702	23 323	430 261	287 569	158 068	1 026 503	264 574
2 296 968	3 658 301	72 829	67 701	323 382	1 599 477	1 072 459	305 550	6 499 724	819 217
1 437 709	2 589 114	4 508	10 317	140 515	677 121	1 466 975	287 542	4 041 320	428 866
160 662	194 560	8 868	34 715	469 131	47 593	125 687	13 312	107 598	36 564
1 012 081	1 740 288	12 820	43 065	94 793	507 375	3 839 180	56 091	1 485 597	795 285
40 956	44 916	651	820	23 563	37 410	42 237	2 359	59 035	41 714
78 327	128 354	447	471	2 185	189 209	16 569	5 987	129 038	25 461
1 061 271	1 439 336	20 701	18 981	37 996	1 524 004	188 295	48 121	1 632 561	351 658
284 968	373 167	39 870	87 174	110 552	460 086	58 367	17 555	420 549	93 737
3 462 684	464 155	92 653	185 361	4 469 908	104 095	29 192	5 065	177 284	66 105
2 340 641	5 107 762	46 386	53 733	449 461	1 966 188	1 661 310	421 010	5 976 372	1 814 172

县暂住

		合计	性别		暂住时间			来	
								省内	
			男	女	半年以下	半年至五年	五年以上	市	县
甲		1	2	3	4	5	6	7	8
合计	1	**21 589 845**	**13 701 444**	**7 888 401**	**5 042 062**	**13 168 256**	**3 379 527**	**2 652 196**	**7 230 400**
务工	2	13 808 084	9 269 811	4 538 273	3 093 065	8 905 584	1 809 435	1 457 336	4 023 786
务农	3	824 003	487 051	336 952	174 136	431 558	218 309	101 944	387 503
经商	4	2 009 588	1 265 430	744 158	306 578	1 146 953	556 057	368 432	734 600
服务	5	922 084	440 626	481 458	179 650	535 485	206 949	139 874	371 934
因公出差	6	96 371	71 943	24 428	50 709	33 488	12 174	22 956	39 470
借读培训	7	836 638	464 319	372 319	101 825	596 590	138 223	123 839	550 699
治病疗养	8	50 792	28 043	22 749	28 834	15 592	6 366	7 307	37 363
保姆	9	66 166	10 941	55 225	13 450	35 359	17 357	9 256	27 799
投靠亲友	10	621 493	269 482	352 011	143 237	343 003	135 253	74 449	239 147
探亲访友	11	235 111	127 958	107 153	118 227	97 399	19 485	43 421	100 449
旅游观光	12	409 508	262 565	146 943	387 895	17 905	3 708	76 916	132 067
其他	13	1 710 007	1 003 275	706 732	444 456	1 009 340	256 211	226 466	585 583

人口总数

自地区				居住处所					
省外		港澳台	国外	旅店	居民家中	单位内部	工地现场	租赁房屋	其他
市	县								
9	10	11	12	13	14	15	16	17	18
2 822 675	**8 832 734**	**14 372**	**37 468**	**809 293**	**3 324 950**	**5 198 661**	**3 050 051**	**7 629 988**	**1 576 902**
1 870 020	6 453 384	1 840	1 718	124 554	1 479 733	3 946 356	2 709 151	4 821 942	726 348
75 706	258 734	48	68	8 246	348 167	62 679	87 371	202 582	114 958
271 383	622 795	3 847	8 531	76 380	339 587	199 589	89 075	1 132 707	172 250
121 199	288 535	88	454	27 688	169 404	211 291	47 351	415 423	50 927
10 786	22 381	219	559	47 095	8 957	22 370	4 704	8 984	4 261
46 851	114 698	223	328	10 452	102 743	451 910	10 069	152 256	109 208
1 941	4 158	3	20	4 778	6 343	30 787	354	4 667	3 863
5 525	23 575	1	10	865	38 250	7 877	3 777	12 280	3 117
53 396	252 584	649	1 268	6 998	315 625	29 928	11 980	228 328	28 634
23 087	51 403	2 202	14 549	27 709	152 416	17 433	3 637	21 243	12 673
102 596	85 770	4 446	7 713	360 966	11 488	3 330	629	5 834	27 261
240 185	654 717	806	2 250	113 562	352 237	215 111	81 953	623 742	323 402

暂住人口来自地区、

	合计	性别		暂住时间			来	
							省内	
		男	女	半年以下	半年至五年	五年以上	市	县
全国	**173 877 845**	**103 033 998**	**70 843 847**	**44 740 755**	**103 993 497**	**25 143 593**	**20 464 216**	**43 768 473**
北京市	7 985 640	4 535 149	3 450 491	969 629	4 928 933	2 087 078		
天津市	4 244 972	2 658 694	1 586 278	70 532	3 434 231	740 209		
河北省	2 126 235	1 364 015	762 220	162 122	1 578 236	385 877	355 385	693 696
山西省	1 683 632	1 096 038	587 594	334 766	981 943	366 923	385 412	573 215
内蒙古自治区	2 765 036	1 765 565	999 471	577 487	1 597 691	589 858	484 721	1 036 545
辽宁省	2 682 299	1 678 814	1 003 485	572 778	1 706 682	402 839	457 718	949 901
吉林省	1 018 691	594 621	424 070	333 598	434 169	250 924	252 813	427 234
黑龙江省	1 235 940	729 234	506 706	223 455	701 402	311 083	318 644	553 814
上海市	11 432 528	6 335 596	5 096 932	1 352 544	8 231 855	1 848 129		
江苏省	17 161 010	10 161 529	6 999 481	5 822 899	10 096 426	1 241 685	1 428 754	4 632 565
浙江省	22 115 136	12 664 714	9 450 422	7 490 125	13 871 322	753 689	2 125 133	2 524 193
安徽省	3 123 379	1 900 273	1 223 106	705 731	1 797 672	619 976	679 365	1 356 752
福建省	11 354 218	7 067 033	4 287 185	3 331 363	7 571 600	451 255	442 570	1 924 748
江西省	964 185	602 802	361 383	196 433	593 495	174 257	184 192	406 537
山东省	6 879 169	4 146 911	2 732 258	1 206 404	4 784 641	888 124	1 304 424	3 060 197
河南省	4 933 546	2 957 419	1 976 127	774 942	3 593 550	565 054	1 649 533	2 490 028
湖北省	4 048 523	2 362 060	1 686 463	1 057 589	2 601 161	389 773	376 257	2 310 395
湖南省	2 910 721	1 656 142	1 254 579	501 965	1 987 993	420 763	852 465	1 376 398
广东省	32 397 376	17 715 027	14 682 349	8 776 757	18 222 535	5 398 084	3 594 334	6 073 351
广西壮族自治区	1 882 767	1 201 718	681 049	406 491	980 203	496 073	281 692	753 728
海南省	885 121	547 985	337 136	109 209	469 148	306 764	159 846	228 449
重庆市	6 361 734	3 553 931	2 807 803	781 024	3 786 745	1 793 965	1 030 862	3 781 196
四川省	6 377 977	3 734 587	2 643 390	2 687 014	2 925 766	765 197	1 947 365	2 981 116
贵州省	1 878 206	1 141 405	736 801	297 510	942 758	637 938	408 078	739 494
云南省	3 175 657	2 022 406	1 153 251	327 002	1 511 105	1 337 550	416 631	1 491 559
西藏自治区	482 771	312 044	170 727	148 185	269 990	64 596	42 406	141 632
陕西省	2 437 641	1 520 580	917 061	282 932	1 456 388	698 321	462 711	940 690
甘肃省	2 086 169	1 347 310	738 859	783 571	1 159 762	142 836	328 463	1 092 164
青海省	741 768	489 077	252 691	234 061	362 654	145 053	65 566	297 110
宁夏回族自治区	260 575	181 094	79 481	42 751	130 863	86 961	34 521	96 417
新疆维吾尔自治区	6 245 223	4 990 225	1 254 998	4 179 886	1 282 578	782 759	394 355	835 349

居住处所分省情况

自地区				居住处所					
省外		港澳台	国外	旅店	居民家中	单位内部	工地现场	租赁房屋	其他
市	县								
35 672 784	**72 827 012**	**460 300**	**685 060**	**7 570 382**	**20 192 012**	**39 190 936**	**12 524 179**	**83 336 724**	**11 063 612**
3 027 873	4 786 920	69 951	100 896	352 150	1 403 955	1 672 756	740 053	3 659 342	157 384
1 630 062	2 613 863	904	143	37 493	814 821	1 428 628	611 070	1 144 155	208 805
299 581	775 870	328	1 375	33 084	287 102	462 799	355 917	738 528	248 805
288 242	435 815	94	854	50 887	143 540	357 522	315 189	576 947	239 547
367 168	875 395	38	1 169	107 827	355 315	352 054	689 320	975 842	284 678
367 121	884 916	1 698	20 945	45 197	311 373	426 885	560 623	1 115 755	222 466
143 948	189 778	218	4 700	32 037	283 087	75 511	172 237	362 618	93 201
147 982	203 530	7 632	4 338	44 186	211 811	316 167	134 050	391 912	137 814
4 746 162	6 271 733	130 255	284 378	370 556	1 218 584	1 344 328	186 020	6 785 616	1 527 424
1 616 290	9 436 417	16 532	30 452	240 101	1 500 589	4 333 246	1 313 854	8 987 122	786 098
5 833 543	11 580 136	12 584	39 547	111 230	989 070	5 292 547	726 233	14 502 545	493 511
439 128	643 094	2 017	3 023	46 496	628 695	522 113	445 927	1 284 918	195 230
794 741	8 130 160	29 774	32 225	43 018	1 768 353	3 076 813	570 623	5 491 003	404 408
113 825	257 510	600	1 521	12 037	87 197	272 985	126 659	396 472	68 835
786 937	1 714 306	2 642	10 663	65 046	832 170	3 024 195	673 092	1 840 830	443 836
353 939	438 025	1 295	726	232 241	1 222 755	1 950 234	332 857	865 820	329 639
233 671	1 078 482	13 761	35 957	116 112	392 458	1 530 685	161 177	1 228 641	619 450
279 400	398 693	1 636	2 129	92 008	437 019	617 774	291 786	1 133 839	338 295
7 712 794	14 790 026	150 549	76 322	271 824	1 518 732	7 069 495	836 399	21 015 767	1 685 159
207 836	638 133	449	929	249 133	737 589	182 905	87 237	537 729	88 174
197 808	291 999	2 714	4 305	20 643	119 661	126 859	164 444	382 758	70 756
306 236	1 243 440			24 443	1 712 715	1 538 873	441 596	2 088 118	555 989
680 101	748 833	7 096	13 466	366 873	1 242 686	1 356 914	635 794	2 386 683	389 027
303 404	426 201	440	589	32 504	260 376	223 710	288 911	929 617	143 088
358 678	906 081	630	2 078	34 004	548 495	466 137	333 462	1 393 510	400 049
75 422	223 130	9	172	15 025	65 362	33 450	109 704	236 217	23 013
396 669	634 161	348	3 062	83 604	327 825	429 081	340 792	1 116 252	140 087
226 865	428 088	5 155	5 434	416 199	191 527	290 516	354 177	681 663	152 087
115 752	263 196	2	142	125 698	90 234	80 622	166 165	210 938	68 111
46 412	82 750	455	20	10 592	59 519	41 199	47 511	89 399	12 355
3 575 194	1 436 331	494	3 500	3 888 134	429 397	293 933	311 300	786 168	536 291

暂住人口务工经商、

	合计	务工	务农	经商	服务
	1	2	3	4	5
全国	**173 877 845**	**116 007 022**	**3 014 301**	**12 629 397**	**7 964 423**
北京市	7 985 640	5 264 418	208 019	1 069 018	643 885
天津市	4 244 972	3 462 974	51 308	105 156	62 165
河北省	2 126 235	1 467 240	18 329	248 095	120 677
山西省	1 683 632	958 972	12 546	149 472	252 050
内蒙古自治区	2 765 036	1 613 349	56 087	356 838	305 174
辽宁省	2 682 299	1 465 889	93 850	194 897	174 611
吉林省	1 018 691	445 284	94 167	161 003	93 336
黑龙江省	1 235 940	661 706	88 047	96 271	61 869
上海市	11 432 528	7 277 858	158 275	584 565	43 160
江苏省	17 161 010	11 454 216	295 837	1 457 829	1 272 444
浙江省	22 115 136	17 546 321	108 902	615 182	453 517
安徽省	3 123 379	1 642 658	45 169	442 456	265 959
福建省	11 354 218	9 481 914	77 551	343 166	208 807
江西省	964 185	613 932	16 189	121 502	48 301
山东省	6 879 169	4 228 277	92 899	594 059	293 519
河南省	4 933 546	3 215 983	36 440	322 972	65 390
湖北省	4 048 523	2 612 976	74 802	277 808	71 939
湖南省	2 910 721	1 526 851	167 709	291 608	145 316
广东省	32 397 376	24 184 936	502 443	1 900 618	1 825 405
广西壮族自治区	1 882 767	881 133	31 553	148 966	62 588
海南省	885 121	484 697	31 000	64 506	85 828
重庆市	6 361 734	4 011 565	29 131	298 738	330 426
四川省	6 377 977	3 811 098	101 468	696 586	234 711
贵州省	1 878 206	1 008 899	44 845	395 153	131 078
云南省	3 175 657	2 065 993	104 295	604 983	137 057
西藏自治区	482 771	271 063	9 148	96 119	40 379
陕西省	2 437 641	1 379 590	17 023	366 164	206 683
甘肃省	2 086 169	819 793	57 976	273 447	175 083
青海省	741 768	322 480	31 119	135 216	67 409
宁夏回族自治区	260 575	143 912	35 937	30 885	30 809
新疆维吾尔自治区	6 245 223	1 681 045	322 237	186 119	54 848

探亲访友等分省情况

因公出差	借读培训	治病疗养	保　　姆	投靠亲友	探亲访友	旅游观光	其　　他
6	7	8	9	10	11	12	13
896 256	**7 614 959**	**257 110**	**434 615**	**4 404 128**	**1 395 957**	**5 261 157**	**13 998 520**
64 245	172 784	18 298	37 145	163 168	71 821	178 565	94 274
4 720	100 848	602	1 788	124 941	30 488	3 236	296 746
3 436	90 832	2 055	1 866	50 591	12 023	4 547	106 544
11 392	28 657	3 376	2 385	37 143	13 766	17 894	195 979
9 849	118 124	21 694	8 037	60 957	31 238	5 762	177 927
11 795	167 262	5 075	8 489	63 865	17 390	32 696	446 480
11 005	34 889	4 180	8 501	58 419	17 623	9 151	81 133
5 583	62 499	2 652	2 075	30 894	7 927	3 005	213 412
35 960	426 982	8 619	19 699	1 101 317	271 398	473 882	1 030 813
102 012	671 051	18 889	32 483	570 809	81 158	47 462	1 156 820
19 098	451 351	6 155	10 701	104 949	44 976	40 001	2 713 983
11 639	251 535	5 655	12 074	134 373	38 916	16 787	256 158
5 401	374 940	2 086	21 161	41 675	41 678	15 672	740 167
2 512	88 273	271	3 721	16 716	4 322	671	47 775
37 243	965 214	4 436	7 968	107 476	43 622	41 666	462 790
39 852	682 809	11 237	3 328	92 078	45 658	19 926	397 873
12 471	250 571	1 983	3 446	92 285	16 666	39 375	594 201
9 659	323 023	7 959	13 714	62 778	16 720	11 274	334 110
85 560	648 824	27 358	148 160	762 049	270 252	109 625	1 932 146
18 229	82 772	509	3 556	43 265	21 797	162 168	426 231
4 675	53 397	12 510	6 573	18 609	13 724	19 320	90 282
53 697	630 856	43 457	5 140	250 949	75 495	8 859	623 421
114 856	415 353	23 147	31 308	236 149	115 309	126 716	471 276
4 164	47 723	2 126	5 166	61 604	11 841	16 093	149 514
5 158	40 641	1 864	10 083	33 419	10 728	5 699	155 737
2 982	2 039	4 713	1 926	9 084	6 249	2 699	36 370
9 024	205 798	7 092	10 618	20 762	9 232	25 213	180 442
20 970	168 244	2 406	3 760	19 588	10 586	368 126	166 190
27 755	9 608	2 567	1 022	6 360	8 994	71 384	57 854
947	2 897	64	442	1 630	400	7 196	5 456
150 367	45 163	4 075	8 280	26 226	33 960	3 376 487	356 416

暂住旅店

	合计	务工	务农	经商	服务
	1	2	3	4	5
全国	**7 570 382**	**740 834**	**31 569**	**399 762**	**168 203**
北京市	352 150	53 847	289	35 212	18 388
天津市	37 493	21 477	633	780	308
河北省	33 084	16 200	386	2 459	3 955
山西省	50 887	12 067	35	1 991	2 276
内蒙古自治区	107 827	52 005	1 399	10 036	18 775
辽宁省	45 197	7 630	240	2 782	2 985
吉林省	32 037	5 457	327	5 721	2 337
黑龙江省	44 186	23 532	1 480	4 823	2 028
上海市	370 556	973		13 599	35
江苏省	240 101	42 785	1 979	40 489	13 399
浙江省	111 230	38 479	109	15 189	4 683
安徽省	46 496	10 816	551	6 525	5 047
福建省	43 018	3 321	11	14 099	357
江西省	12 037	4 824	25	3 349	1 943
山东省	65 046	17 455	817	10 766	5 893
河南省	232 241	80 307	3 462	19 259	5 548
湖北省	116 112	36 452	922	6 924	5 336
湖南省	92 008	34 074	1 239	10 925	9 853
广东省	271 824	62 599	7 047	33 840	20 402
广西壮族自治区	249 133	33 174	78	8 589	5 981
海南省	20 643	6 876	186	1 668	972
重庆市	24 443	9 124	35	925	1 589
四川省	366 873	53 189	2 797	27 093	8 595
贵州省	32 504	5 632	447	4 792	3 167
云南省	34 004	13 115	889	4 732	2 072
西藏自治区	15 025	3 649	248	3 352	1 621
陕西省	83 604	24 675	200	12 898	8 761
甘肃省	416 199	7 127	609	4 834	5 216
青海省	125 698	7 335	110	13 502	3 094
宁夏回族自治区	10 592	1 082	26	799	370
新疆维吾尔自治区	3 888 134	51 556	4 993	77 810	3 217

人 员 情 况

因公出差	借读培训	治病疗养	保　　姆	投靠亲友	探亲访友	旅游观光	其　　他
6	7	8	9	10	11	12	13
516 226	**105 245**	**28 341**	**3 050**	**44 994**	**138 261**	**4 830 874**	**563 023**
27 880	13 199	5 079	228	8 110	13 885	163 009	13 024
878	177	5	11	144	3 592	1 124	8 364
937	1 311	46	34	2 064	320	2 954	2 418
8 894	1 166	767		142	2 940	15 811	4 798
4 070	2 530	881	450	2 963	3 619	4 422	6 677
2 773	711	233	59	706	1 273	24 373	1 432
5 773	872	523	36	499	2 700	6 173	1 619
4 563	1 504	1 559		415	644	2 445	1 193
1 149	140	540	1	1	98	318 785	35 235
57 411	10 604	1 124	311	4 394	10 331	33 414	23 860
15 152	1 404	640	38	258	5 296	23 742	6 240
3 232	1 571	272	156	1 376	1 621	10 942	4 387
520	595	104	1	200	2 583	13 904	7 323
845	271	23		87	156	281	233
10 764	3 675	111	137	1 321	3 898	8 899	1 310
22 004	12 836	1 987	124	3 271	10 473	14 071	58 899
8 216	4 648	114	48	895	2 111	36 794	13 652
4 248	10 211	1 060	91	1 281	1 846	5 479	11 701
31 827	4 153	2 310	602	5 508	23 726	56 966	22 844
17 233	991	3		423	8 004	161 813	12 844
940	295	305	100	613	1 075	7 227	386
869	1 196	258	2	17	805	1 838	7 785
88 399	11 678	3 142	117	3 665	7 483	100 314	60 401
1 622	664	163	20	214	787	12 491	2 505
1 337	731	168	93	1 030	852	3 808	5 177
1 855	186	571	118	412	318	1 868	827
4 544	3 991	1 089	22	1 129	1 219	20 674	4 402
18 020	12 406	385	10	315	435	364 414	2 428
24 150	23	1 637	15	131	3 933	57 378	14 390
804	66	27		53	80	7 195	90
145 317	1 440	3 215	226	3 357	22 158	3 348 266	226 579

暂住居民家

	合计	务工	务农	经商	服务
	1	2	3	4	5
全国	**20 192 012**	**10 803 976**	**778 428**	**1 939 064**	**846 525**
北京市	1 403 955	863 851	35 556	224 407	87 589
天津市	814 821	493 780	13 599	32 321	7 525
河北省	287 102	157 681	5 418	45 142	12 958
山西省	143 540	58 830	1 729	18 864	15 584
内蒙古自治区	355 315	142 721	18 434	52 215	40 517
辽宁省	311 373	127 127	22 325	36 402	22 065
吉林省	283 087	83 341	43 965	39 516	26 473
黑龙江省	211 811	103 182	36 988	22 962	8 097
上海市	1 218 584	513 979	6 865	79 765	2 527
江苏省	1 500 589	691 896	63 758	172 470	121 611
浙江省	989 070	686 713	10 908	53 766	18 144
安徽省	628 695	234 277	11 406	96 969	44 766
福建省	1 768 353	1 376 227	15 601	37 233	9 288
江西省	87 197	36 821	2 252	11 667	4 146
山东省	832 170	443 089	28 019	116 267	33 852
河南省	1 222 755	845 933	15 066	106 875	14 756
湖北省	392 458	171 532	25 297	48 164	10 097
湖南省	437 019	170 277	45 441	40 764	13 951
广东省	1 518 732	743 172	30 761	173 817	80 876
广西壮族自治区	737 589	299 244	8 982	36 921	8 042
海南省	119 661	49 500	4 550	14 514	10 243
重庆市	1 712 715	919 482	16 633	87 209	120 476
四川省	1 242 686	604 466	53 327	121 007	31 280
贵州省	260 376	98 354	11 408	63 787	19 567
云南省	548 495	331 372	41 635	88 685	24 298
西藏自治区	65 362	23 416	2 318	16 115	2 936
陕西省	327 825	199 430	4 024	37 173	21 385
甘肃省	191 527	63 316	25 769	28 770	13 422
青海省	90 234	25 308	12 404	15 282	6 354
宁夏回族自治区	59 519	15 822	28 646	4 797	7 857
新疆维吾尔自治区	429 397	229 837	135 344	15 218	5 843

中人员情况

因公出差	借读培训	治病疗养	保　　姆	投靠亲友	探亲访友	旅游观光	其　　他
6	7	8	9	10	11	12	13
56 550	**610 118**	**43 753**	**227 459**	**1 839 629**	**612 502**	**115 583**	**2 318 425**
5 405	22 008	5 427	20 530	83 459	32 640	7 077	16 006
489	11 411	328	786	96 754	15 873	644	141 311
103	10 634	461	1 039	26 753	6 304	150	20 459
511	4 047	963	2 107	23 181	8 425	1 291	8 008
1 361	14 714	1 022	4 906	32 683	20 143	584	26 015
3 262	8 198	750	5 507	31 125	9 017	3 208	42 387
564	5 060	1 347	5 072	41 121	10 600	1 132	24 896
350	2 469	412	1 803	17 747	5 214	317	12 270
7 825	46 557	916	2 590	356 071	56 888	34 925	109 676
5 161	77 549	3 365	20 921	135 365	36 506	4 574	167 413
335	9 271	525	3 022	40 868	23 106	1 310	141 102
1 404	29 590	1 253	6 248	79 366	22 440	1 924	99 052
652	39 333	1 018	16 641	31 589	28 092	1 187	211 492
128	2 710	38	2 304	8 664	3 264	244	14 959
2 029	24 067	882	6 474	73 532	25 767	5 218	72 974
2 073	40 401	1 979	2 604	58 231	27 709	2 409	104 719
559	14 350	654	2 264	60 289	10 704	1 083	47 465
641	28 544	1 659	8 952	32 271	7 761	566	86 192
5 035	73 344	3 809	57 905	125 664	78 781	16 321	129 247
631	10 674	291	2 569	20 641	7 697	334	341 563
216	6 181	1 973	3 002	7 028	5 232	1 807	15 415
9 877	32 849	1 623	3 087	213 915	56 397	3 821	247 346
2 991	50 606	6 787	22 462	149 776	73 563	11 134	115 287
557	7 154	509	2 806	33 045	6 025	1 077	16 087
585	2 088	484	6 008	15 751	5 354	574	31 661
255	629	2 694	1 388	6 360	4 195	438	4 618
829	9 374	1 323	7 986	11 099	5 569	1 473	28 160
150	21 531	625	3 138	11 878	7 291	1 567	14 070
1 943	2 862	413	354	4 115	4 062	7 125	10 012
18	407	25	349	651	272	1	674
611	1 506	198	2 635	10 637	7 611	2 068	17 889

暂住单位内

	合计	务工	务农	经商	服务
	1	2	3	4	5
全国	**39 190 936**	**29 150 791**	**350 248**	**1 272 048**	**1 678 266**
北京市	1 672 756	1 227 763	45 957	142 771	153 930
天津市	1 428 628	1 289 511	12 882	8 183	21 324
河北省	462 799	370 621	1 993	18 981	38 895
山西省	357 522	247 937	981	17 954	47 563
内蒙古自治区	352 054	216 125	3 097	37 044	52 515
辽宁省	426 885	243 808	8 967	18 238	38 101
吉林省	75 511	26 987	1 675	11 538	19 560
黑龙江省	316 167	85 821	3 396	8 215	14 585
上海市	1 344 328	1 018 416	15 972	53 786	3 856
江苏省	4 333 246	3 400 767	24 428	159 723	237 295
浙江省	5 292 547	4 547 629	9 963	45 492	100 672
安徽省	522 113	256 601	5 377	47 721	41 393
福建省	3 076 813	2 648 354	5 293	17 060	54 088
江西省	272 985	186 003	1 121	18 914	9 690
山东省	3 024 195	1 827 509	15 275	85 188	101 507
河南省	1 950 234	1 226 339	8 304	59 148	19 412
湖北省	1 530 685	1 044 256	5 004	26 359	12 537
湖南省	617 774	321 514	9 300	28 839	40 583
广东省	7 069 495	6 012 100	106 533	216 787	369 951
广西壮族自治区	182 905	97 141	1 543	10 537	7 079
海南省	126 859	60 982	2 144	4 167	18 254
重庆市	1 538 873	861 631	1 368	21 217	39 924
四川省	1 356 914	841 394	7 263	63 010	60 936
贵州省	223 710	142 990	4 069	21 311	15 780
云南省	466 137	312 771	8 034	49 798	52 800
西藏自治区	33 450	16 223	186	8 554	3 966
陕西省	429 081	193 232	3 175	27 858	39 865
甘肃省	290 516	137 235	4 019	23 504	28 224
青海省	80 622	41 748	1 275	8 990	19 034
宁夏回族自治区	41 199	31 832	362	3 065	5 016
新疆维吾尔自治区	293 933	215 551	31 292	8 096	9 931

部人员情况

因公出差	借读培训	治病疗养	保　　姆	投靠亲友	探亲访友	旅游观光	其　　他
6	7	8	9	10	11	12	13
148 057	**4 291 090**	**73 024**	**24 446**	**218 223**	**75 800**	**32 522**	**1 876 421**
14 785	64 172	758	1 793	5 971	4 297	1 026	9 533
2 549	58 307	50	102	3 834	1 537	130	30 219
613	17 245	42	568	1 595	347	66	11 833
1 045	8 336	286	59	1 031	290	79	31 961
2 363	23 820	22	293	1 527	352	128	14 768
1 572	84 417	327	153	3 308	656	220	27 118
2 233	8 883	891	73	738	81	98	2 754
219	44 621	16	11	607	118	9	158 549
1 468	48 235	432	1 158	57 464	16 235	6 314	120 992
18 148	294 400	8 751	1 454	32 368	6 959	2 697	146 256
2 259	345 286	1 289	1 370	4 464	1 390	363	232 370
1 861	130 962	579	482	7 500	1 565	303	27 769
2 369	198 902	300	938	1 459	3 535	182	144 333
481	53 567	85	154	456	106	23	2 385
18 279	824 395	1 245	171	6 727	3 818	7 725	132 356
7 244	529 139	4 803	156	20 981	2 832	1 358	70 518
1 782	172 243	456	317	3 727	929	537	262 538
1 760	175 998	1 326	1 750	5 492	2 026	1 125	28 061
15 885	147 642	4 089	9 149	23 877	11 130	3 221	149 131
231	49 716	38	400	3 503	495		12 222
549	28 869	505	662	2 451	1 491	1 213	5 572
27 785	506 439	38 098	516	2 947	8 313	237	30 398
15 708	209 369	5 049	906	13 151	3 856	1 700	134 572
807	18 326	255	201	3 923	707	468	14 873
1 019	18 488	61	656	3 897	448	372	17 793
174	648	266	294	878	735	59	1 467
1 701	127 874	2 622	246	2 197	779	1 068	28 464
1 224	78 585	310	45	683	261	89	16 337
158	4 375	24		212	26	1 318	3 462
54	95		17	159	25		574
1 732	17 736	49	352	1 096	461	394	7 243

暂住工地现

	合计	务工	务农	经商	服务
	1	2	3	4	5
全　　国	**12 524 179**	**10 862 619**	**245 439**	**394 625**	**334 893**
北 京 市	740 053	622 616	16 750	50 085	33 964
天 津 市	611 070	598 135	4 017	905	913
河 北 省	355 917	323 295	1 458	13 142	8 867
山 西 省	315 189	292 949	1 414	6 392	10 767
内蒙古自治区	689 320	601 259	5 915	27 421	24 348
辽 宁 省	560 623	432 678	8 398	11 109	13 076
吉 林 省	172 237	139 077	18 912	8 160	2 620
黑 龙 江 省	134 050	120 260	4 414	3 135	1 876
上 海 市	186 020	152 167	5 983	2 508	181
江 苏 省	1 313 854	1 121 251	24 455	35 085	34 485
浙 江 省	726 233	696 817	6 784	2 825	1 434
安 徽 省	445 927	348 966	3 795	37 846	22 245
福 建 省	570 623	523 637	6 093	1 337	1 060
江 西 省	126 659	113 305	2 616	4 973	2 610
山 东 省	673 092	577 810	5 765	21 402	39 759
河 南 省	332 857	312 519	3 616	4 451	2 956
湖 北 省	161 177	129 379	4 365	10 756	5 815
湖 南 省	291 786	224 107	3 657	16 612	21 189
广 东 省	836 399	672 933	49 898	22 645	21 713
广西壮族自治区	87 237	67 772	1 768	5 129	5 548
海 南 省	164 444	129 514	10 205	1 330	5 493
重 庆 市	441 596	417 854	2 238	2 847	4 301
四 川 省	635 794	548 876	5 731	28 491	8 814
贵 州 省	288 911	243 489	5 246	15 966	8 731
云 南 省	333 462	310 064	8 185	5 100	702
西藏自治区	109 704	102 847	380	2 934	1 787
陕 西 省	340 792	290 770	2 954	18 420	20 682
甘 肃 省	354 177	295 076	4 340	16 709	11 355
青 海 省	166 165	139 553	1 531	10 544	9 116
宁夏回族自治区	47 511	37 365	556	2 951	6 360
新疆维吾尔自治区	311 300	276 279	24 000	3 415	2 126

场人员情况

因公出差	借读培训	治病疗养	保　　姆	投靠亲友	探亲访友	旅游观光	其　　他
6	7	8	9	10	11	12	13
18 016	**66 160**	**2 713**	**9 764**	**60 101**	**21 192**	**5 694**	**502 963**
459	2 813	4	561	8 501	1 872	146	2 282
26	1 761	2	13	1 572	354	31	3 341
994	1 222	50	22	1 096	1 663	2	4 106
102	189	50	22	297	259	41	2 707
1 041	3 122	29	627	4 585	375	37	20 561
1 000	4 880	278	192	2 418	875	235	85 484
70	209	51	39	387	157	14	2 541
56	120	3	15	1 045	116	18	2 992
180	1 866	34	97	4 067	1 382	815	16 740
1 529	8 209	97	933	4 278	1 102	320	82 110
36	1 071	1	32	520	118	2	16 593
1 241	8 582	422	586	3 621	1 479	305	16 839
485	807	36	28	497	263		36 380
25	309			249	60		2 512
705	1 642	17	75	2 983	1 519	200	21 215
942	2 773	129	71	508	322	84	4 486
206	1 311	161	115	1 497	401	65	7 106
817	9 528	343	283	2 984	1 030	53	11 183
1 737	2 640	232	2 193	2 891	2 286	828	56 403
13	1 410			486	345	18	4 748
1 031	142	100	351	2 807	418	321	11 732
1 310	474	15	4	374	1 012	25	11 142
1 461	5 622	69	776	5 901	1 359	268	28 426
171	539	108	168	3 676	696	187	9 934
746	669	14	33	841	591	53	6 464
209		42	4	103	316		1 082
646	1 768	34	200	753	333	76	4 156
433	2 266	75	33	565	160	31	23 134
239	164	300		156	89	1 400	3 073
13	9	5		82	4		166
93	43	12	1 291	361	236	119	3 325

暂住租赁房

	合计	务工	务农	经商	服务
	1	2	3	4	5
全　　国	**83 336 724**	**58 973 097**	**1 229 085**	**7 632 431**	**4 456 743**
北京市	3 659 342	2 421 410	97 533	594 090	339 640
天津市	1 144 155	950 430	16 009	59 471	30 767
河北省	738 528	464 186	5 506	148 326	48 709
山西省	576 947	286 298	7 728	91 850	147 514
内蒙古自治区	975 842	523 496	20 042	186 116	132 148
辽宁省	1 115 755	596 663	47 090	110 206	90 424
吉林省	362 618	168 310	21 569	79 797	35 650
黑龙江省	391 912	259 678	22 352	44 060	30 180
上海市	6 785 616	4 619 176	95 208	349 800	32 054
江苏省	8 987 122	5 928 605	158 561	947 037	767 833
浙江省	14 502 545	11 235 082	70 584	482 902	317 444
安徽省	1 284 918	690 356	16 043	234 517	139 952
福建省	5 491 003	4 593 598	48 749	270 460	142 427
江西省	396 472	252 277	8 883	73 992	26 420
山东省	1 840 830	1 178 122	34 892	326 065	102 917
河南省	865 820	650 967	4 065	113 170	20 047
湖北省	1 228 641	891 392	16 115	154 467	34 376
湖南省	1 133 839	644 318	88 095	171 132	46 810
广东省	21 015 767	15 835 675	254 022	1 317 653	1 214 650
广西壮族自治区	537 729	340 195	16 043	79 604	33 254
海南省	382 758	205 494	9 542	36 720	47 668
重庆市	2 088 118	1 482 615	6 071	150 881	141 099
四川省	2 386 683	1 638 889	25 649	365 087	112 316
贵州省	929 617	457 445	18 456	256 646	72 140
云南省	1 393 510	927 569	15 196	343 975	44 325
西藏自治区	236 217	121 423	4 122	60 072	28 239
陕西省	1 116 252	621 433	5 574	261 976	108 321
甘肃省	681 663	265 419	12 649	179 179	105 966
青海省	210 938	87 433	9 942	73 433	26 041
宁夏回族自治区	89 399	55 477	2 490	17 262	10 301
新疆维吾尔自治区	786 168	579 666	70 305	52 485	27 111

屋人员情况

因公出差	借读培训	治病疗养	保　　姆	投靠亲友	探亲访友	旅游观光	其　　他
6	7	8	9	10	11	12	13
116 582	**1 637 853**	**63 702**	**141 318**	**1 860 889**	**441 792**	**183 118**	**6 600 114**
15 299	60 294	5 912	13 327	51 282	14 069	7 026	39 460
347	13 383	148	833	16 384	6 921	1 005	48 457
532	23 343	637	138	7 962	1 476	103	37 610
274	10 113	699	95	6 770	1 482	138	23 986
844	36 045	490	1 625	14 048	2 272	361	58 355
2 637	30 184	2 922	2 310	17 502	4 825	3 388	207 604
2 096	14 941	818	2 578	11 855	3 406	1 229	20 369
326	5 471	344	224	6 362	1 062	159	21 694
19 300	275 473	4 716	11 455	527 300	155 695	84 737	610 702
12 464	172 962	2 667	7 948	376 946	19 833	4 257	588 009
1 176	58 578	1 250	6 114	55 968	14 045	14 254	2 245 148
2 960	56 573	2 290	3 783	38 264	10 697	2 311	87 172
1 250	125 598	419	3 115	6 559	6 838	381	291 609
877	7 861	58	1 051	5 986	553	33	18 481
4 123	33 461	566	865	17 409	6 670	14 335	121 405
800	30 987	1 519	295	6 824	3 054	634	33 458
1 279	28 269	480	520	13 371	1 566	483	86 323
1 771	60 575	1 508	1 108	15 099	2 190	1 511	99 722
25 864	349 020	12 570	68 118	529 946	132 392	21 763	1 254 094
103	14 019	174	562	13 326	5 134	3	35 312
1 610	14 680	8 955	1 274	5 037	4 819	7 019	39 940
11 233	40 823	2 019	1 473	28 679	6 554	2 096	214 575
3 705	77 914	6 833	6 421	47 255	25 451	8 001	69 162
836	17 332	779	1 556	15 592	2 457	1 173	85 205
968	9 535	950	1 062	7 745	1 908	413	39 864
473	509	914	115	1 130	660	331	18 229
1 143	25 963	1 768	1 400	4 512	919	1 460	81 783
637	36 698	851	443	4 423	1 945	1 118	72 335
355	2 050	125	167	1 308	758	1 868	7 458
42	526	7	26	456	19		2 793
1 258	4 673	314	1 317	5 589	2 122	1 528	39 800

务工人

	合计	性别		暂住时间			来	
		男	女	半年以下	半年至五年	五年以上	省内	
							市	县
	1	2	3	4	5	6	7	8
全国	**116 007 022**	**69 919 527**	**46 087 495**	**28 102 921**	**72 535 490**	**15 368 611**	**11 820 132**	**27 938 873**
北京市	5 264 418	3 040 265	2 224 153	495 947	3 359 858	1 408 613		
天津市	3 462 974	2 251 048	1 211 926	50 972	2 940 199	471 803		
河北省	1 467 240	974 212	493 028	102 712	1 126 312	238 216	216 160	478 266
山西省	958 972	686 073	272 899	195 455	590 645	172 872	201 935	296 501
内蒙古自治区	1 613 349	1 120 295	493 054	335 657	974 280	303 412	232 947	585 165
辽宁省	1 465 889	961 689	504 200	307 700	963 597	194 592	228 079	523 267
吉林省	445 284	288 027	157 257	140 313	198 629	106 342	102 791	194 105
黑龙江省	661 706	415 516	246 190	148 784	340 081	172 841	152 104	327 600
上海市	7 277 858	4 136 513	3 141 345	626 779	5 475 641	1 175 438		
江苏省	11 454 216	7 062 528	4 391 688	4 197 846	6 643 337	613 033	653 204	2 861 054
浙江省	17 546 321	10 236 373	7 309 948	5 828 333	11 094 715	623 273	1 584 262	2 013 303
安徽省	1 642 658	1 067 799	574 859	407 022	976 059	259 577	338 411	697 977
福建省	9 481 914	5 991 397	3 490 517	2 940 194	6 182 208	359 512	254 632	1 492 347
江西省	613 932	400 733	213 199	127 890	385 876	100 166	116 714	263 253
山东省	4 228 277	2 680 828	1 547 449	752 415	2 913 938	561 924	757 929	1 902 484
河南省	3 215 983	1 989 454	1 226 529	549 048	2 336 260	330 675	1 031 503	1 701 061
湖北省	2 612 976	1 580 095	1 032 881	791 065	1 660 973	160 938	168 546	1 621 559
湖南省	1 526 851	912 414	614 437	253 018	1 041 490	232 343	413 565	760 715
广东省	24 184 936	13 423 544	10 761 392	6 487 455	13 877 966	3 819 515	2 400 900	4 324 786
广西壮族自治区	881 133	562 301	318 832	136 627	601 451	143 055	103 218	461 853
海南省	484 697	332 576	152 121	62 359	264 253	158 085	81 713	118 039
重庆市	4 011 565	2 362 407	1 649 158	487 531	2 442 580	1 081 454	622 354	2 371 385
四川省	3 811 098	2 298 045	1 513 053	1 564 678	1 835 182	411 238	1 135 672	1 839 378
贵州省	1 008 899	653 709	355 190	142 101	548 897	317 901	225 151	420 132
云南省	2 065 993	1 375 609	690 384	207 650	1 053 998	804 345	260 720	1 044 325
西藏自治区	271 063	187 902	83 161	91 503	155 390	24 170	15 466	78 273
陕西省	1 379 590	899 624	479 966	139 721	830 725	409 144	235 245	586 028
甘肃省	819 793	573 406	246 387	219 635	528 888	71 270	117 719	438 760
青海省	322 480	234 876	87 604	81 067	182 968	58 445	21 240	135 205
宁夏回族自治区	143 912	109 229	34 683	21 760	82 290	39 862	16 306	45 234
新疆维吾尔自治区	1 681 045	1 111 040	570 005	209 684	926 804	544 557	131 646	356 818

员 总 数

自地区				居住处所					
省外		港澳台	国外	旅店	居民家中	单位内部	工地现场	租赁房屋	其他
市	县								
9	10	11	12	13	14	15	16	17	18
22 146 325	**53 808 576**	**146 846**	**146 270**	**740 834**	**10 803 976**	**29 150 791**	**10 862 619**	**58 973 097**	**5 475 705**
1 888 192	3 351 008	3 800	21 418	53 847	863 851	1 227 763	622 616	2 421 410	74 931
1 223 914	2 238 183	755	122	21 477	493 780	1 289 511	598 135	950 430	109 641
197 894	574 264	122	534	16 200	157 681	370 621	323 295	464 186	135 257
173 395	287 011	17	113	12 067	58 830	247 937	292 949	286 298	60 891
210 606	583 958	16	657	52 005	142 721	216 125	601 259	523 496	77 743
208 793	499 969	98	5 683	7 630	127 127	243 808	432 678	596 663	57 983
60 374	86 541	29	1 444	5 457	83 341	26 987	139 077	168 310	22 112
62 351	110 320	7 543	1 788	23 532	103 182	85 821	120 260	259 678	69 233
2 954 099	4 224 168	59 244	40 347	973	513 979	1 018 416	152 167	4 619 176	973 147
984 862	6 941 040	4 637	9 419	42 785	691 896	3 400 767	1 121 251	5 928 605	268 912
4 686 967	9 249 878	4 433	7 478	38 479	686 713	4 547 629	696 817	11 235 082	341 601
239 912	364 755	544	1 059	10 816	234 277	256 601	348 966	690 356	101 642
647 033	7 072 357	5 695	9 850	3 321	1 376 227	2 648 354	523 637	4 593 598	336 777
73 695	159 450	256	564	4 824	36 821	186 003	113 305	252 277	20 702
462 634	1 101 173	772	3 285	17 455	443 089	1 827 509	577 810	1 178 122	184 292
211 863	270 734	613	209	80 307	845 933	1 226 339	312 519	650 967	99 918
99 410	717 025	1 520	4 916	36 452	171 532	1 044 256	129 379	891 392	339 965
142 163	210 159	77	172	34 074	170 277	321 514	224 107	644 318	132 561
5 811 464	11 566 695	52 566	28 525	62 599	743 172	6 012 100	672 933	15 835 675	858 457
90 986	224 810	137	129	33 174	299 244	97 141	67 772	340 195	43 607
107 950	176 196	357	442	6 876	49 500	60 982	129 514	205 494	32 331
168 468	849 358			9 124	919 482	861 631	417 854	1 482 615	320 859
387 822	439 336	3 011	5 879	53 189	604 466	841 394	548 876	1 638 889	124 284
141 447	221 870	42	257	5 632	98 354	142 990	243 489	457 445	60 989
215 407	545 411	48	82	13 115	331 372	312 771	310 064	927 569	171 102
36 843	140 338	5	138	3 649	23 416	16 223	102 847	121 423	3 505
196 699	359 788	214	1 616	24 675	199 430	193 232	290 770	621 433	50 050
74 364	188 880	5	65	7 127	63 316	137 235	295 076	265 419	51 620
38 420	127 554		61	7 335	25 308	41 748	139 553	87 433	21 103
26 792	55 294	286		1 082	15 822	31 832	37 365	55 477	2 334
321 506	871 053	4	18	51 556	229 837	215 551	276 279	579 666	328 156

务农人

	合计	性别		暂住时间			来	
							省内	
		男	女	半年以下	半年至五年	五年以上	市	县
	1	2	3	4	5	6	7	8
全国	**3 014 301**	**1 726 134**	**1 288 167**	**560 549**	**1 733 276**	**720 476**	**381 923**	**999 261**
北京市	208 019	122 738	85 281	25 149	130 045	52 825		
天津市	51 308	32 266	19 042	1 689	42 233	7 386		
河北省	18 329	12 142	6 187	2 763	12 771	2 795	3 729	5 608
山西省	12 546	7 597	4 949	1 062	7 819	3 665	2 649	4 575
内蒙古自治区	56 087	34 187	21 900	11 602	27 365	17 120	7 532	22 162
辽宁省	93 850	60 861	32 989	18 618	60 591	14 641	14 479	35 276
吉林省	94 167	55 522	38 645	35 916	36 380	21 871	20 661	45 033
黑龙江省	88 047	52 211	35 836	10 942	34 403	42 702	21 978	47 271
上海市	158 275	84 294	73 981	13 033	109 037	36 205		
江苏省	295 837	161 970	133 867	51 861	198 768	45 208	40 418	87 235
浙江省	108 902	58 799	50 103	35 530	67 962	5 410	12 462	17 232
安徽省	45 169	27 878	17 291	7 726	26 218	11 225	10 378	23 751
福建省	77 551	43 780	33 771	13 753	56 935	6 863	1 771	19 750
江西省	16 189	10 217	5 972	6 412	5 978	3 799	2 747	7 693
山东省	92 899	54 929	37 970	13 652	62 487	16 760	15 647	41 300
河南省	36 440	21 445	14 995	8 148	22 405	5 887	11 698	18 978
湖北省	74 802	41 598	33 204	7 615	51 088	16 099	11 173	33 887
湖南省	167 709	90 699	77 010	34 230	122 773	10 706	48 759	87 636
广东省	502 443	272 993	229 450	73 914	288 805	139 724	59 039	94 802
广西壮族自治区	31 553	18 605	12 948	2 306	19 449	9 798	7 713	12 972
海南省	31 000	16 953	14 047	2 754	13 665	14 581	6 493	9 044
重庆市	29 131	15 883	13 248	6 079	17 421	5 631	4 127	19 896
四川省	101 468	59 613	41 855	34 224	44 669	22 575	21 552	68 053
贵州省	44 845	26 251	18 594	8 078	20 723	16 044	12 038	19 108
云南省	104 295	64 830	39 465	6 320	27 779	70 196	7 359	67 502
西藏自治区	9 148	5 746	3 402	3 009	3 694	2 445	1 141	2 455
陕西省	17 023	10 842	6 181	3 205	8 129	5 689	2 819	8 591
甘肃省	57 976	36 729	21 247	23 510	29 338	5 128	9 675	31 880
青海省	31 119	16 834	14 285	2 635	8 988	19 496	813	21 629
宁夏回族自治区	35 937	20 628	15 309	2 224	15 523	18 190	4 008	29 098
新疆维吾尔自治区	322 237	187 094	135 143	92 590	159 835	69 812	19 065	116 844

员总数

自地区				居住处所					
省外		港澳台	国外	旅店	居民家中	单位内部	工地现场	租赁房屋	其他
市	县								
9	10	11	12	13	14	15	16	17	18
473 243	**1 157 867**	**1 237**	**770**	**31 569**	**778 428**	**350 248**	**245 439**	**1 229 085**	**379 532**
78 881	129 122	1	15	289	35 556	45 957	16 750	97 533	11 934
13 921	37 375	10	2	633	13 599	12 882	4 017	16 009	4 168
3 039	5 953			386	5 418	1 993	1 458	5 506	3 568
1 116	4 204	2		35	1 729	981	1 414	7 728	659
6 264	20 129			1 399	18 434	3 097	5 915	20 042	7 200
12 205	31 869	5	16	240	22 325	8 967	8 398	47 090	6 830
11 481	16 946		46	327	43 965	1 675	18 912	21 569	7 719
6 603	12 186	1	8	1 480	36 988	3 396	4 414	22 352	19 417
55 159	102 377	606	133		6 865	15 972	5 983	95 208	34 247
27 746	140 422	16		1 979	63 758	24 428	24 455	158 561	22 656
26 188	53 020			109	10 908	9 963	6 784	70 584	10 554
4 020	6 974	22	24	551	11 406	5 377	3 795	16 043	7 997
2 290	53 720	15	5	11	15 601	5 293	6 093	48 749	1 804
1 265	4 484			25	2 252	1 121	2 616	8 883	1 292
10 710	25 234		8	817	28 019	15 275	5 765	34 892	8 131
2 514	3 210	28	12	3 462	15 066	8 304	3 616	4 065	1 927
7 586	22 156			922	25 297	5 004	4 365	16 115	23 099
12 078	19 229	4	3	1 239	45 441	9 300	3 657	88 095	19 977
120 003	227 884	375	340	7 047	30 761	106 533	49 898	254 022	54 182
3 809	7 059			78	8 982	1 543	1 768	16 043	3 139
4 686	10 537	97	143	186	4 550	2 144	10 205	9 542	4 373
633	4 475			35	16 633	1 368	2 238	6 071	2 786
5 228	6 575	46	14	2 797	53 327	7 263	5 731	25 649	6 701
6 035	7 657	6	1	447	11 408	4 069	5 246	18 456	5 219
6 134	23 298	2		889	41 635	8 034	8 185	15 196	30 356
924	4 628			248	2 318	186	380	4 122	1 894
1 856	3 757			200	4 024	3 175	2 954	5 574	1 096
8 599	7 822			609	25 769	4 019	4 340	12 649	10 590
703	7 974			110	12 404	1 275	1 531	9 942	5 857
1 212	1 619			26	28 646	362	556	2 490	3 857
30 355	155 972	1		4 993	135 344	31 292	24 000	70 305	56 303

经商人

	合计	性别		暂住时间			来	
							省内	
		男	女	半年以下	半年至五年	五年以上	市	县
	1	2	3	4	5	6	7	8
全国	**12 629 397**	**7 679 853**	**4 949 544**	**2 295 942**	**7 377 611**	**2 955 844**	**2 122 919**	**3 504 123**
北京市	1 069 018	636 489	432 529	91 645	672 157	305 216		
天津市	105 156	62 599	42 557	1 836	73 877	29 443		
河北省	248 095	163 824	84 271	12 272	171 209	64 614	50 298	80 079
山西省	149 472	95 890	53 582	17 174	91 147	41 151	38 961	39 529
内蒙古自治区	356 838	224 794	132 044	54 473	193 618	108 747	74 102	127 024
辽宁省	194 897	122 339	72 558	31 556	113 667	49 674	43 030	58 497
吉林省	161 003	93 740	67 263	52 162	68 250	40 591	44 356	59 981
黑龙江省	96 271	57 338	38 933	18 639	43 086	34 546	25 963	39 524
上海市	584 565	340 601	243 964	49 798	382 500	152 267		
江苏省	1 457 829	889 514	568 315	391 290	889 106	177 433	173 386	418 334
浙江省	615 182	356 600	258 582	138 213	435 166	41 803	102 219	101 573
安徽省	442 456	277 861	164 595	85 522	244 571	112 363	103 886	180 457
福建省	343 166	206 846	136 320	70 355	256 066	16 745	97 962	106 559
江西省	121 502	72 090	49 412	21 144	70 246	30 112	31 536	44 246
山东省	594 059	375 133	218 926	100 112	389 822	104 125	135 885	212 828
河南省	322 972	200 805	122 167	40 730	215 331	66 911	89 012	148 324
湖北省	277 808	158 449	119 359	35 099	173 714	68 995	53 010	120 160
湖南省	291 608	168 449	123 159	48 871	167 437	75 300	79 442	135 594
广东省	1 900 618	1 161 586	739 032	401 794	1 027 931	470 893	336 708	408 179
广西壮族自治区	148 966	92 678	56 288	22 898	90 634	35 434	29 338	61 363
海南省	64 506	38 621	25 885	5 528	40 535	18 443	11 996	16 039
重庆市	298 738	165 364	133 374	27 907	160 867	109 964	36 138	190 181
四川省	696 586	415 846	280 740	238 981	327 500	130 105	250 955	272 493
贵州省	395 153	231 783	163 370	56 663	191 139	147 351	78 190	134 369
云南省	604 983	378 844	226 139	72 279	249 846	282 858	79 750	181 101
西藏自治区	96 119	58 022	38 097	17 449	55 869	22 801	10 726	22 831
陕西省	366 164	231 706	134 458	31 561	239 444	95 159	66 769	100 565
甘肃省	273 447	168 517	104 930	41 030	199 282	33 135	39 192	139 019
青海省	135 216	90 508	44 708	36 928	64 017	34 271	13 659	37 534
宁夏回族自治区	30 885	21 776	9 109	3 035	14 594	13 256	5 801	9 232
新疆维吾尔自治区	186 119	121 241	64 878	78 998	64 983	42 138	20 649	58 508

员总数

自地区				居住处所					
省外		港澳台	国外	旅店	居民家中	单位内部	工地现场	租赁房屋	其他
市	县								
9	10	11	12	13	14	15	16	17	18
2 568 351	**4 281 096**	**76 676**	**76 232**	**399 762**	**1 939 064**	**1 272 048**	**394 625**	**7 632 431**	**991 467**
460 098	595 215	2 324	11 381	35 212	224 407	142 771	50 085	594 090	22 453
45 749	59 382	17	8	780	32 321	8 183	905	59 471	3 496
38 725	78 819	46	128	2 459	45 142	18 981	13 142	148 326	20 045
31 690	39 223	25	44	1 991	18 864	17 954	6 392	91 850	12 421
60 009	95 669	5	29	10 036	52 215	37 044	27 421	186 116	44 006
37 255	50 231	425	5 459	2 782	36 402	18 238	11 109	110 206	16 160
27 056	29 393	10	207	5 721	39 516	11 538	8 160	79 797	16 271
13 097	17 587	7	93	4 823	22 962	8 215	3 135	44 060	13 076
244 838	300 776	16 594	22 357	13 599	79 765	53 786	2 508	349 800	85 107
158 141	700 189	3 611	4 168	40 489	172 470	159 723	35 085	947 037	103 025
152 739	243 593	4 687	10 371	15 189	53 766	45 492	2 825	482 902	15 008
67 761	89 637	327	388	6 525	96 969	47 721	37 846	234 517	18 878
39 404	92 008	4 638	2 595	14 099	37 233	17 060	1 337	270 460	2 977
17 774	27 727	139	80	3 349	11 667	18 914	4 973	73 992	8 607
99 269	143 129	500	2 448	10 766	116 267	85 188	21 402	326 065	34 371
35 795	49 545	256	40	19 259	106 875	59 148	4 451	113 170	20 069
36 036	67 589	448	565	6 924	48 164	26 359	10 756	154 467	31 138
31 234	45 190	117	31	10 925	40 764	28 839	16 612	171 132	23 336
473 805	628 064	40 816	13 046	33 840	173 817	216 787	22 645	1 317 653	135 876
21 739	36 352	101	73	8 589	36 921	10 537	5 129	79 604	8 186
11 240	24 480	261	490	1 668	14 514	4 167	1 330	36 720	6 107
13 384	59 035			925	87 209	21 217	2 847	150 881	35 659
77 682	93 969	882	605	27 093	121 007	63 010	28 491	365 087	91 898
82 515	99 941	99	39	4 792	63 787	21 311	15 966	256 646	32 651
95 356	247 009	291	1 476	4 732	88 685	49 798	5 100	343 975	112 693
22 864	39 686	4	8	3 352	16 115	8 554	2 934	60 072	5 092
72 508	126 211	40	71	12 898	37 173	27 858	18 420	261 976	7 839
32 482	62 738	6	10	4 834	28 770	23 504	16 709	179 179	20 451
25 295	58 711		17	13 502	15 282	8 990	10 544	73 433	13 465
6 285	9 564		3	799	4 797	3 065	2 951	17 262	2 011
36 526	70 434		2	77 810	15 218	8 096	3 415	52 485	29 095

服务人

	合计	性别		暂住时间			来	
							省内	
		男	女	半年以下	半年至五年	五年以上	市	县
	1	2	3	4	5	6	7	8
全国	**7 964 423**	**3 950 173**	**4 014 250**	**1 555 891**	**4 805 764**	**1 602 768**	**1 146 377**	**2 366 122**
北京市	643 885	357 129	286 756	60 033	398 760	185 092		
天津市	62 165	32 788	29 377	557	45 745	15 863		
河北省	120 677	60 978	59 699	16 696	89 950	14 031	20 337	41 309
山西省	252 050	136 125	115 925	48 514	144 170	59 366	48 450	122 601
内蒙古自治区	305 174	164 826	140 348	72 558	173 135	59 481	79 712	125 125
辽宁省	174 611	89 293	85 318	31 798	109 091	33 722	28 497	65 379
吉林省	93 336	43 043	50 293	24 309	47 753	21 274	25 460	37 317
黑龙江省	61 869	32 103	29 766	13 525	32 377	15 967	15 744	28 442
上海市	43 160	19 365	23 795	3 438	32 160	7 562		
江苏省	1 272 444	656 700	615 744	310 189	776 338	185 917	155 948	380 911
浙江省	453 517	205 199	248 318	122 153	316 069	15 295	34 264	39 004
安徽省	265 959	125 489	140 470	39 341	141 294	85 324	50 332	137 156
福建省	208 807	99 248	109 559	48 993	141 964	17 850	12 335	41 176
江西省	48 301	21 492	26 809	14 676	25 826	7 799	11 084	18 911
山东省	293 519	153 339	140 180	41 435	212 969	39 115	52 989	129 950
河南省	65 390	35 380	30 010	13 751	38 777	12 862	18 139	31 632
湖北省	71 939	31 572	40 367	9 814	33 211	28 914	16 689	26 816
湖南省	145 316	70 329	74 987	28 005	79 846	37 465	41 230	60 807
广东省	1 825 405	845 439	979 966	365 181	1 139 825	320 399	243 959	353 499
广西壮族自治区	62 588	34 961	27 627	9 376	34 173	19 039	10 442	29 159
海南省	85 828	42 703	43 125	8 030	48 690	29 108	16 327	28 940
重庆市	330 426	167 821	162 605	24 817	189 381	116 228	52 200	208 523
四川省	234 711	112 398	122 313	83 431	113 109	38 171	64 568	113 174
贵州省	131 078	64 086	66 992	24 060	61 945	45 073	28 184	51 717
云南省	137 057	53 992	83 065	16 566	63 104	57 387	21 307	63 649
西藏自治区	40 379	20 165	20 214	9 033	25 320	6 026	3 040	9 739
陕西省	206 683	98 788	107 895	36 148	99 896	70 639	47 204	71 059
甘肃省	175 083	91 542	83 541	49 685	115 057	10 341	25 090	95 969
青海省	67 409	36 594	30 815	17 238	36 105	14 066	8 529	32 938
宁夏回族自治区	30 809	17 441	13 368	5 471	10 955	14 383	4 298	8 590
新疆维吾尔自治区	54 848	29 845	25 003	7 070	28 769	19 009	10 019	12 630

员 总 数

自地区				居住处所					
省外		港澳台	国外	旅店	居民家中	单位内部	工地现场	租赁房屋	其他
市	县								
9	10	11	12	13	14	15	16	17	18
1 558 908	**2 877 649**	**4 596**	**10 771**	**168 203**	**846 525**	**1 678 266**	**334 893**	**4 456 743**	**479 793**
266 009	372 534	334	5 008	18 388	87 589	153 930	33 964	339 640	10 374
23 357	38 789	18	1	308	7 525	21 324	913	30 767	1 328
17 105	41 921		5	3 955	12 958	38 895	8 867	48 709	7 293
27 995	52 941	17	46	2 276	15 584	47 563	10 767	147 514	28 346
31 304	68 873	2	158	18 775	40 517	52 515	24 348	132 148	36 871
27 071	52 613	59	992	2 985	22 065	38 101	13 076	90 424	7 960
12 869	17 663	3	24	2 337	26 473	19 560	2 620	35 650	6 696
6 994	10 651		38	2 028	8 097	14 585	1 876	30 180	5 103
17 325	25 421	333	81	35	2 527	3 856	181	32 054	4 507
173 058	560 583	558	1 386	13 399	121 611	237 295	34 485	767 833	97 821
151 258	228 359	112	520	4 683	18 144	100 672	1 434	317 444	11 140
30 229	47 789	181	272	5 047	44 766	41 393	22 245	139 952	12 556
29 929	125 325	8	34	357	9 288	54 088	1 060	142 427	1 587
7 802	10 500	2	2	1 943	4 146	9 690	2 610	26 420	3 492
34 365	76 199	1	15	5 893	33 852	101 507	39 759	102 917	9 591
5 953	9 637	17	12	5 548	14 756	19 412	2 956	20 047	2 671
10 757	17 496	42	139	5 336	10 097	12 537	5 815	34 376	3 778
15 526	27 746	5	2	9 853	13 951	40 583	21 189	46 810	12 930
471 572	751 769	2 735	1 871	20 402	80 876	369 951	21 713	1 214 650	117 813
10 074	12 906	3	4	5 981	8 042	7 079	5 548	33 254	2 684
18 185	22 333	5	38	972	10 243	18 254	5 493	47 668	3 198
14 250	55 453			1 589	120 476	39 924	4 301	141 099	23 037
23 682	33 191	25	71	8 595	31 280	60 936	8 814	112 316	12 770
24 464	26 696	3	14	3 167	19 567	15 780	8 731	72 140	11 693
18 832	33 269			2 072	24 298	52 800	702	44 325	12 860
8 150	19 450			1 621	2 936	3 966	1 787	28 239	1 830
38 352	50 020	17	31	8 761	21 385	39 865	20 682	108 321	7 669
15 582	38 436	1	5	5 216	13 422	28 224	11 355	105 966	10 900
9 215	16 727			3 094	6 354	19 034	9 116	26 041	3 770
5 963	11 852	106		370	7 857	5 016	6 360	10 301	905
11 681	20 507	9	2	3 217	5 843	9 931	2 126	27 111	6 620

因公出差

	合计	性别		暂住时间			来	
							省内	
		男	女	半年以下	半年至五年	五年以上	市	县
	1	2	3	4	5	6	7	8
全国	**896 256**	**581 395**	**314 861**	**550 854**	**269 916**	**75 486**	**191 944**	**271 562**
北京市	64 245	38 740	25 505	27 895	29 584	6 766		
天津市	4 720	3 517	1 203	530	3 672	518		
河北省	3 436	2 606	830	1 502	1 528	406	678	965
山西省	11 392	8 035	3 357	9 579	1 286	527	3 265	2 476
内蒙古自治区	9 849	6 761	3 088	3 227	3 846	2 776	2 750	2 234
辽宁省	11 795	8 032	3 763	4 966	2 698	4 131	2 323	2 691
吉林省	11 005	6 644	4 361	7 341	3 164	500	2 339	3 038
黑龙江省	5 583	4 010	1 573	4 383	856	344	2 026	1 650
上海市	35 960	17 033	18 927	10 043	23 958	1 959		
江苏省	102 012	73 243	28 769	65 093	23 500	13 419	27 447	26 791
浙江省	19 098	13 882	5 216	15 942	2 846	310	5 031	3 635
安徽省	11 639	8 451	3 188	4 716	4 913	2 010	3 548	3 802
福建省	5 401	3 959	1 442	2 504	2 775	122	751	1 635
江西省	2 512	1 677	835	1 860	525	127	694	563
山东省	37 243	24 164	13 079	15 338	20 399	1 506	8 068	13 878
河南省	39 852	28 659	11 193	8 076	29 072	2 704	17 178	11 690
湖北省	12 471	8 915	3 556	8 376	2 730	1 365	2 476	1 797
湖南省	9 659	6 452	3 207	4 566	3 611	1 482	3 524	3 085
广东省	85 560	53 311	32 249	40 790	36 201	8 569	16 060	14 007
广西壮族自治区	18 229	15 190	3 039	17 178	1 042	9	1 876	10 275
海南省	4 675	2 741	1 934	1 017	1 180	2 478	994	595
重庆市	53 697	30 998	22 699	5 502	35 228	12 967	15 339	25 301
四川省	114 856	68 942	45 914	104 195	8 430	2 231	37 508	49 569
贵州省	4 164	2 753	1 411	2 010	1 216	938	1 121	1 678
云南省	5 158	3 769	1 389	1 484	2 046	1 628	1 471	1 799
西藏自治区	2 982	2 144	838	2 215	707	60	1 432	528
陕西省	9 024	5 068	3 956	3 956	4 045	1 023	3 428	2 125
甘肃省	20 970	14 222	6 748	15 943	4 759	268	4 696	12 280
青海省	27 755	16 858	10 897	22 248	5 363	144	3 824	11 337
宁夏回族自治区	947	602	345	901	46		415	199
新疆维吾尔自治区	150 367	100 017	50 350	137 478	8 690	4 199	21 682	61 939

人员总数

自地区				居住处所					
省外		港澳台	国外	旅店	居民家中	单位内部	工地现场	租赁房屋	其他
市	县								
9	10	11	12	13	14	15	16	17	18
171 448	**216 941**	**9 087**	**35 274**	**516 226**	**56 550**	**148 057**	**18 016**	**116 582**	**40 825**
29 376	29 161	936	4 772	27 880	5 405	14 785	459	15 299	417
3 662	1 058			878	489	2 549	26	347	431
813	915	2	63	937	103	613	994	532	257
3 064	2 539	2	46	8 894	511	1 045	102	274	566
2 292	2 545	2	26	4 070	1 361	2 363	1 041	844	170
2 308	2 644	69	1 760	2 773	3 262	1 572	1 000	2 637	551
3 295	2 207	2	124	5 773	564	2 233	70	2 096	269
1 105	793		9	4 563	350	219	56	326	69
8 923	9 077	1 151	16 809	1 149	7 825	1 468	180	19 300	6 038
17 322	26 199	1 628	2 625	57 411	5 161	18 148	1 529	12 464	7 299
3 917	5 265	318	932	15 152	335	2 259	36	1 176	140
2 050	2 115	41	83	3 232	1 404	1 861	1 241	2 960	941
706	2 167	58	84	520	652	2 369	485	1 250	125
654	599	1	1	845	128	481	25	877	156
5 407	9 485	110	295	10 764	2 029	18 279	705	4 123	1 343
6 600	4 354	23	7	22 004	2 073	7 244	942	800	6 789
1 151	1 309	685	5 053	8 216	559	1 782	206	1 279	429
1 742	1 265	16	27	4 248	641	1 760	817	1 771	422
24 953	24 227	3 961	2 352	31 827	5 035	15 885	1 737	25 864	5 212
1 146	4 932			17 233	631	231	13	103	18
1 450	1 577	40	19	940	216	549	1 031	1 610	329
5 087	7 970			869	9 877	27 785	1 310	11 233	2 623
14 400	13 185	31	163	88 399	2 991	15 708	1 461	3 705	2 592
770	585	1	9	1 622	557	807	171	836	171
705	1 174	9		1 337	585	1 019	746	968	503
392	630			1 855	255	174	209	473	16
1 907	1 558	1	5	4 544	829	1 701	646	1 143	161
1 648	2 346			18 020	150	1 224	433	637	506
4 835	7 759			24 150	1 943	158	239	355	910
253	80			804	18	54	13	42	16
19 515	47 221		10	145 317	611	1 732	93	1 258	1 356

	合计	性别		暂住时间			来	
		男	女	半年以下	半年至五年	五年以上	省内	
							市	县
	1	2	3	4	5	6	7	8
全　国	**7 614 959**	**4 128 951**	**3 486 008**	**1 152 780**	**5 467 732**	**994 447**	**1 659 132**	**2 985 473**
北京市	172 784	93 109	79 675	20 724	131 174	20 886		
天津市	100 848	53 182	47 666	306	60 546	39 996		
河北省	90 832	53 031	37 801	5 242	70 763	14 827	28 100	28 730
山西省	28 657	17 409	11 248	7 399	18 975	2 283	11 742	8 317
内蒙古自治区	118 124	60 917	57 207	9 956	81 981	26 187	29 921	55 198
辽宁省	167 262	86 118	81 144	29 344	127 409	10 509	40 350	68 661
吉林省	34 889	19 538	15 351	8 502	16 434	9 953	9 134	13 686
黑龙江省	62 499	32 020	30 479	2 812	54 467	5 220	21 848	19 448
上海市	426 982	234 249	192 733	39 080	344 247	43 655		
江苏省	671 051	368 512	302 539	159 177	454 213	57 661	146 262	295 452
浙江省	451 351	225 710	225 641	79 843	367 302	4 206	189 304	120 205
安徽省	251 535	144 802	106 733	50 347	186 260	14 928	65 844	111 748
福建省	374 940	207 153	167 787	38 163	319 168	17 609	27 320	103 748
江西省	88 273	59 647	28 626	8 319	69 376	10 578	8 555	33 576
山东省	965 214	502 499	462 715	136 078	766 956	62 180	206 172	478 039
河南省	682 809	371 180	311 629	62 866	527 077	92 866	259 476	326 400
湖北省	250 571	138 220	112 351	29 159	204 054	17 358	31 978	142 127
湖南省	323 023	176 461	146 562	39 072	252 333	31 618	108 824	152 081
广东省	648 824	363 833	284 991	183 470	337 604	127 750	108 411	162 497
广西壮族自治区	82 772	46 427	36 345	8 267	61 141	13 364	18 362	30 837
海南省	53 397	25 099	28 298	7 104	36 574	9 719	12 813	14 411
重庆市	630 856	324 210	306 646	65 511	381 943	183 402	111 759	359 257
四川省	415 353	235 644	179 709	115 039	249 079	51 235	116 728	193 388
贵州省	47 723	26 818	20 905	6 063	25 977	15 683	12 627	22 274
云南省	40 641	21 757	18 884	1 974	17 600	21 067	7 153	26 996
西藏自治区	2 039	1 108	931	725	1 106	208	206	1 219
陕西省	205 798	113 499	92 299	12 277	141 219	52 302	49 952	68 690
甘肃省	168 244	95 280	72 964	20 349	140 735	7 160	27 091	117 068
青海省	9 608	5 441	4 167	1 934	4 775	2 899	877	5 782
宁夏回族自治区	2 897	1 814	1 083	290	2 456	151	931	1 244
新疆维吾尔自治区	45 163	24 264	20 899	3 388	14 788	26 987	7 392	24 394

人员总数

自地区				居住处所					
省外		港澳台	国外	旅店	居民家中	单位内部	工地现场	租赁房屋	其他
市	县								
9	10	11	12	13	14	15	16	17	18
1 058 932	**1 854 986**	**13 043**	**43 393**	**105 245**	**610 118**	**4 291 090**	**66 160**	**1 637 853**	**904 493**
72 638	93 863	764	5 519	13 199	22 008	64 172	2 813	60 294	10 298
51 794	49 048	4	2	177	11 411	58 307	1 761	13 383	15 809
17 540	16 148	10	304	1 311	10 634	17 245	1 222	23 343	37 077
4 565	4 033			1 166	4 047	8 336	189	10 113	4 806
13 956	18 902		147	2 530	14 714	23 820	3 122	36 045	37 893
13 882	40 341	241	3 787	711	8 198	84 417	4 880	30 184	38 872
4 490	6 525	4	1 050	872	5 060	8 883	209	14 941	4 924
16 120	3 602	9	1 472	1 504	2 469	44 621	120	5 471	8 314
166 755	250 470	4 328	5 429	140	46 557	48 235	1 866	275 473	54 711
71 406	152 677	552	4 702	10 604	77 549	294 400	8 209	172 962	107 327
63 589	75 936	149	2 168	1 404	9 271	345 286	1 071	58 578	35 741
30 249	43 431	56	207	1 571	29 590	130 962	8 582	56 573	24 257
23 782	219 451	185	454	595	39 333	198 902	807	125 598	9 705
5 088	40 327	39	688	271	2 710	53 567	309	7 861	23 555
90 555	188 854	325	1 269	3 675	24 067	824 395	1 642	33 461	77 974
39 171	57 619	37	106	12 836	40 401	529 139	2 773	30 987	66 673
22 499	50 590	174	3 203	4 648	14 350	172 243	1 311	28 269	29 750
34 512	26 786	146	674	10 211	28 544	175 998	9 528	60 575	38 167
133 144	232 597	5 546	6 629	4 153	73 344	147 642	2 640	349 020	72 025
14 969	18 391	6	207	991	10 674	49 716	1 410	14 019	5 962
18 343	7 075	55	700	295	6 181	28 869	142	14 680	3 230
46 534	113 306			1 196	32 849	506 439	474	40 823	49 075
41 788	59 873	391	3 185	11 678	50 606	209 369	5 622	77 914	60 164
6 431	6 350	11	30	664	7 154	18 326	539	17 332	3 708
1 828	4 369	6	289	731	2 088	18 488	669	9 535	9 130
250	364			186	629	648		509	67
44 745	41 304	5	1 102	3 991	9 374	127 874	1 768	25 963	36 828
5 406	18 658		21	12 406	21 531	78 585	2 266	36 698	16 758
563	2 361		25	23	2 862	4 375	164	2 050	134
395	327			66	407	95	9	526	1 794
1 945	11 408		24	1 440	1 506	17 736	43	4 673	19 765

治 病 疗 养

	合计	性别		暂住时间			来	
							省内	
		男	女	半年以下	半年至五年	五年以上	市	县
	1	2	3	4	5	6	7	8
全国	**257 110**	**142 973**	**114 137**	**132 196**	**96 452**	**28 462**	**54 619**	**109 026**
北京市	18 298	9 256	9 042	6 993	8 870	2 435		
天津市	602	303	299	38	430	134		
河北省	2 055	1 156	899	447	1 389	219	525	692
山西省	3 376	1 808	1 568	2 287	911	178	1 040	1 418
内蒙古自治区	21 694	14 547	7 147	19 569	1 696	429	6 454	7 300
辽宁省	5 075	3 146	1 929	2 609	1 501	965	1 148	1 867
吉林省	4 180	2 302	1 878	2 439	1 217	524	771	2 545
黑龙江省	2 652	1 690	962	1 602	757	293	1 966	473
上海市	8 619	4 467	4 152	3 135	4 892	592		
江苏省	18 889	11 001	7 888	12 458	5 099	1 332	4 883	9 020
浙江省	6 155	3 026	3 129	4 650	1 480	25	2 277	1 863
安徽省	5 655	3 024	2 631	1 678	2 628	1 349	1 667	1 789
福建省	2 086	1 265	821	461	1 496	129	411	589
江西省	271	163	108	150	120	1	60	131
山东省	4 436	3 045	1 391	1 516	2 631	289	961	1 893
河南省	11 237	5 987	5 250	2 815	5 908	2 514	4 149	5 554
湖北省	1 983	1 066	917	797	746	440	649	603
湖南省	7 959	4 296	3 663	2 618	4 176	1 165	2 112	4 630
广东省	27 358	14 475	12 883	12 778	11 446	3 134	4 789	6 113
广西壮族自治区	509	271	238	126	343	40	32	157
海南省	12 510	7 822	4 688	952	8 594	2 964	950	5 491
重庆市	43 457	21 497	21 960	21 770	16 712	4 975	7 713	32 589
四川省	23 147	12 817	10 330	16 757	4 709	1 681	6 642	11 200
贵州省	2 126	1 220	906	801	783	542	620	880
云南省	1 864	996	868	533	1 023	308	709	628
西藏自治区	4 713	3 407	1 306	3 008	1 226	479	664	3 661
陕西省	7 092	3 718	3 374	4 127	2 216	749	2 276	3 037
甘肃省	2 406	1 424	982	1 068	1 270	68	532	1 517
青海省	2 567	1 439	1 128	1 792	668	107	342	1 737
宁夏回族自治区	64	37	27	55	9		12	38
新疆维吾尔自治区	4 075	2 302	1 773	2 167	1 506	402	265	1 611

人 员 总 数

自地区				居住处所					
省外		港澳台	国外	旅店	居民家中	单位内部	工地现场	租赁房屋	其他
市	县								
9	10	11	12	13	14	15	16	17	18
42 897	**49 074**	**654**	**840**	**28 341**	**43 753**	**73 024**	**2 713**	**63 702**	**45 577**
10 013	8 111	18	156	5 079	5 427	758	4	5 912	1 118
370	232			5	328	50	2	148	69
451	387			46	461	42	50	637	819
151	445		322	767	963	286	50	699	611
3 727	4 184		29	881	1 022	22	29	490	19 250
674	1 353	4	29	233	750	327	278	2 922	565
374	467	3	20	523	1 347	891	51	818	550
125	88			1 559	412	16	3	344	318
4 087	4 423	83	26	540	916	432	34	4 716	1 981
1 770	3 211	1	4	1 124	3 365	8 751	97	2 667	2 885
1 001	1 011		3	640	525	1 289	1	1 250	2 450
1 133	1 042	14	10	272	1 253	579	422	2 290	839
162	874	39	11	104	1 018	300	36	419	209
61	16	3		23	38	85		58	67
683	899			111	882	1 245	17	566	1 615
961	565	6	2	1 987	1 979	4 803	129	1 519	820
332	397		2	114	654	456	161	480	118
552	664	1		1 060	1 659	1 326	343	1 508	2 063
6 974	8 846	448	188	2 310	3 809	4 089	232	12 570	4 348
240	79		1	3	291	38		174	3
2 688	3 351	15	15	305	1 973	505	100	8 955	672
1 400	1 755			258	1 623	38 098	15	2 019	1 444
3 144	2 123	17	21	3 142	6 787	5 049	69	6 833	1 267
252	372	2		163	509	255	108	779	312
232	295			168	484	61	14	950	187
96	292			571	2 694	266	42	914	226
874	905			1 089	1 323	2 622	34	1 768	256
96	261			385	625	310	75	851	160
172	316			1 637	413	24	300	125	68
13	1			27	25		5	7	
89	2 109		1	3 215	198	49	12	314	287

保姆人

	合计	性别		暂住时间			来	
							省内	
		男	女	半年以下	半年至五年	五年以上	市	县
	1	2	3	4	5	6	7	8
全国	**434 615**	**72 137**	**362 478**	**84 109**	**255 786**	**94 720**	**57 838**	**140 067**
北京市	37 145	6 242	30 903	4 662	23 063	9 420		
天津市	1 788	124	1 664	4	1 553	231		
河北省	1 866	405	1 461	254	1 391	221	223	780
山西省	2 385	162	2 223	316	1 550	519	422	1 259
内蒙古自治区	8 037	1 048	6 989	1 621	4 799	1 617	2 331	2 911
辽宁省	8 489	846	7 643	2 109	4 696	1 684	1 079	4 054
吉林省	8 501	76	8 425	3 680	3 527	1 294	1 760	3 856
黑龙江省	2 075	55	2 020	440	1 106	529	362	1 024
上海市	19 699	5 208	14 491	1 073	14 889	3 737		
江苏省	32 483	7 143	25 340	7 524	19 647	5 312	7 549	13 250
浙江省	10 701	845	9 856	2 147	7 837	717	1 798	2 074
安徽省	12 074	3 108	8 966	2 326	5 926	3 822	2 080	5 989
福建省	21 161	1 843	19 318	2 746	18 020	395	704	3 950
江西省	3 721	77	3 644	1 857	1 651	213	343	2 359
山东省	7 968	1 227	6 741	1 030	5 746	1 192	1 084	4 380
河南省	3 328	324	3 004	434	2 084	810	1 006	1 909
湖北省	3 446	770	2 676	482	2 184	780	739	1 804
湖南省	13 714	4 156	9 558	1 858	8 581	3 275	3 353	7 173
广东省	148 160	22 323	125 837	33 220	80 690	34 250	18 316	34 138
广西壮族自治区	3 556	1 304	2 252	93	1 946	1 517	679	1 515
海南省	6 573	1 471	5 102	939	3 230	2 404	818	3 374
重庆市	5 140	740	4 400	739	2 368	2 033	431	4 164
四川省	31 308	3 931	27 377	10 148	17 071	4 089	6 675	18 669
贵州省	5 166	1 485	3 681	677	3 002	1 487	1 248	2 859
云南省	10 083	262	9 821	539	3 759	5 785	1 442	7 035
西藏自治区	1 926	333	1 593	214	1 284	428	166	1 517
陕西省	10 618	1 304	9 314	1 341	6 101	3 176	2 064	5 052
甘肃省	3 760	591	3 169	952	2 346	462	377	3 022
青海省	1 022		1 022	128	624	270	113	144
宁夏回族自治区	442	3	439	86	290	66	63	128
新疆维吾尔自治区	8 280	4 731	3 549	470	4 825	2 985	613	1 678

员 总 数

自地区：省外：市	自地区：省外：县	港澳台	国外	居住处所：旅店	居民家中	单位内部	工地现场	租赁房屋	其他
9	10	11	12	13	14	15	16	17	18
83 852	**151 929**	**448**	**481**	**3 050**	**227 459**	**24 446**	**9 764**	**141 318**	**28 578**
12 710	24 373	7	55	228	20 530	1 793	561	13 327	706
778	1 009	1		11	786	102	13	833	43
103	760			34	1 039	568	22	138	65
249	455				2 107	59	22	95	102
951	1 844			450	4 906	293	627	1 625	136
1 013	2 317	3	23	59	5 507	153	192	2 310	268
1 059	1 826			36	5 072	73	39	2 578	703
364	325				1 803	11	15	224	22
8 947	10 391	276	85	1	2 590	1 158	97	11 455	4 398
3 588	8 093	2	1	311	20 921	1 454	933	7 948	916
2 651	4 177		1	38	3 022	1 370	32	6 114	125
1 288	2 676	16	25	156	6 248	482	586	3 783	819
1 799	14 655		53	1	16 641	938	28	3 115	438
223	796				2 304	154		1 051	212
586	1 918			137	6 474	171	75	865	246
95	305	8	5	124	2 604	156	71	295	78
378	524	1		48	2 264	317	115	520	182
1 319	1 869			91	8 952	1 750	283	1 108	1 530
37 969	57 399	131	207	602	57 905	9 149	2 193	68 118	10 193
410	952				2 569	400		562	25
1 011	1 370			100	3 002	662	1 351	1 274	184
78	467			2	3 087	516	4	1 473	58
1 770	4 181	2	11	117	22 462	906	776	6 421	626
269	790			20	2 806	201	168	1 556	415
497	1 109			93	6 008	656	33	1 062	2 231
24	210		9	118	1 388	294	4	115	7
1 228	2 271	1	2	22	7 986	246	200	1 400	764
80	277		4	10	3 138	45	33	443	91
470	295			15	354			167	486
46	205				349	17		26	50
1 899	4 090			226	2 635	352	1 291	1 317	2 459

投靠亲友

	合计	性别		暂住时间			来	
							省内	
		男	女	半年以下	半年至五年	五年以上	市	县
	1	2	3	4	5	6	7	8
全国	**4 404 128**	**1 991 192**	**2 412 936**	**950 000**	**2 564 999**	**889 129**	**520 474**	**1 035 468**
北京市	163 168	70 531	92 637	33 966	82 864	46 338		
天津市	124 941	46 037	78 904	1 079	69 927	53 935		
河北省	50 591	24 588	26 003	4 547	29 626	16 418	12 382	16 959
山西省	37 143	15 381	21 762	7 150	14 277	15 716	7 957	17 637
内蒙古自治区	60 957	28 972	31 985	14 627	28 862	17 468	11 331	25 681
辽宁省	63 865	29 813	34 052	16 937	38 067	8 861	13 510	17 742
吉林省	58 419	26 845	31 574	18 196	18 568	21 655	13 791	26 255
黑龙江省	30 894	14 610	16 284	7 363	12 763	10 768	8 095	14 339
上海市	1 101 317	497 464	603 853	73 398	803 428	224 491		
江苏省	570 809	220 769	350 040	176 653	356 253	37 903	35 664	156 935
浙江省	104 949	42 125	62 824	34 481	68 339	2 129	15 461	11 439
安徽省	134 373	64 455	69 918	24 723	71 501	38 149	29 372	62 017
福建省	41 675	20 017	21 658	5 642	33 915	2 118	5 030	8 998
江西省	16 716	8 710	8 006	4 943	8 256	3 517	2 653	9 259
山东省	107 476	52 024	55 452	25 942	64 219	17 315	24 873	40 065
河南省	92 078	42 662	49 416	18 872	64 991	8 215	39 887	34 590
湖北省	92 285	39 850	52 435	11 623	52 720	27 942	22 115	38 490
湖南省	62 778	30 405	32 373	13 392	40 095	9 291	18 658	29 052
广东省	762 049	366 018	396 031	298 002	347 302	116 745	90 114	182 730
广西壮族自治区	43 265	24 601	18 664	5 952	25 498	11 815	7 981	17 152
海南省	18 609	10 373	8 236	2 947	7 101	8 561	2 409	5 316
重庆市	250 949	102 857	148 092	26 555	133 066	91 328	47 926	142 972
四川省	236 149	118 689	117 460	87 236	104 452	44 461	74 432	103 480
贵州省	61 604	33 157	28 447	10 453	30 848	20 303	15 053	21 681
云南省	33 419	17 336	16 083	4 584	17 513	11 322	6 020	15 464
西藏自治区	9 084	4 931	4 153	2 987	4 311	1 786	967	4 516
陕西省	20 762	11 882	8 880	5 745	10 285	4 732	6 263	7 405
甘肃省	19 588	9 373	10 215	6 034	11 788	1 766	3 018	12 161
青海省	6 360	3 831	2 529	1 273	4 306	781	956	3 372
宁夏回族自治区	1 630	898	732	626	845	159	355	458
新疆维吾尔自治区	26 226	11 988	14 238	4 072	9 013	13 141	4 201	9 303

人 员 总 数

自地区				居住处所					
省外		港澳台	国外	旅店	居民家中	单位内部	工地现场	租赁房屋	其他
市	县								
9	10	11	12	13	14	15	16	17	18
1 114 667	**1 691 920**	**21 350**	**20 249**	**44 994**	**1 839 629**	**218 223**	**60 101**	**1 860 889**	**380 292**
78 002	78 147	1 047	5 972	8 110	83 459	5 971	8 501	51 282	5 845
70 789	54 114	34	4	144	96 754	3 834	1 572	16 384	6 253
7 599	13 594	10	47	2 064	26 753	1 595	1 096	7 962	11 121
3 763	7 756	5	25	142	23 181	1 031	297	6 770	5 722
7 131	16 798		16	2 963	32 683	1 527	4 585	14 048	5 151
13 861	18 355	116	281	706	31 125	3 308	2 418	17 502	8 806
7 146	10 971	10	246	499	41 121	738	387	11 855	3 819
3 349	4 921	11	179	415	17 747	607	1 045	6 362	4 718
559 053	531 817	8 131	2 316	1	356 071	57 464	4 067	527 300	156 414
39 088	338 044	397	681	4 394	135 365	32 368	4 278	376 946	17 458
29 753	46 390	459	1 447	258	40 868	4 464	520	55 968	2 871
14 592	27 973	189	230	1 376	79 366	7 500	3 621	38 264	4 246
4 021	19 349	1 701	2 576	200	31 589	1 459	497	6 559	1 371
1 752	2 979	29	44	87	8 664	456	249	5 986	1 274
19 077	23 172	111	178	1 321	73 532	6 727	2 983	17 409	5 504
8 675	8 871	45	10	3 271	58 231	20 981	508	6 824	2 263
10 650	20 643	90	297	895	60 289	3 727	1 497	13 371	12 506
6 738	7 966	223	141	1 281	32 271	5 492	2 984	15 099	5 651
146 634	330 310	7 579	4 682	5 508	125 664	23 877	2 891	529 946	74 163
7 127	10 919	40	46	423	20 641	3 503	486	13 326	4 886
5 792	4 723	241	128	613	7 028	2 451	2 807	5 037	673
15 711	44 340			17	213 915	2 947	374	28 679	5 017
27 064	29 845	750	578	3 665	149 776	13 151	5 901	47 255	16 401
10 304	14 448	75	43	214	33 045	3 923	3 676	15 592	5 154
4 193	7 731	2	9	1 030	15 751	3 897	841	7 745	4 155
892	2 698		11	412	6 360	878	103	1 130	201
3 428	3 633	3	30	1 129	11 099	2 197	753	4 512	1 072
1 572	2 811		26	315	11 878	683	565	4 423	1 724
648	1 384			131	4 115	212	156	1 308	438
273	490	52	2	53	651	159	82	456	229
5 990	6 728		4	3 357	10 637	1 096	361	5 589	5 186

探 亲 访 友

	合计	性别		暂住时间			来	
		男	女	半年以下	半年至五年	五年以上	省内	
							市	县
	1	2	3	4	5	6	7	8
全　　国	**1 395 957**	**708 708**	**687 249**	**525 148**	**710 682**	**160 127**	**206 663**	**312 874**
北 京 市	71 821	36 854	34 967	25 799	31 734	14 288		
天 津 市	30 488	16 335	14 153	5 199	19 668	5 621		
河 北 省	12 023	7 180	4 843	2 783	8 072	1 168	2 592	3 779
山 西 省	13 766	6 909	6 857	7 804	4 488	1 474	4 170	5 038
内蒙古自治区	31 238	16 138	15 100	12 104	16 609	2 525	6 049	9 986
辽 宁 省	17 390	9 296	8 094	8 334	7 061	1 995	4 024	5 203
吉 林 省	17 623	10 279	7 344	8 259	6 615	2 749	3 811	6 157
黑 龙 江 省	7 927	4 241	3 686	2 851	3 183	1 893	2 126	2 648
上 海 市	271 398	121 458	149 940	47 525	195 787	28 086		
江 苏 省	81 158	42 036	39 122	49 918	26 136	5 104	14 854	27 386
浙 江 省	44 976	20 666	24 310	26 286	18 435	255	4 923	4 427
安 徽 省	38 916	20 894	18 022	16 690	15 333	6 893	14 827	10 385
福 建 省	41 678	21 322	20 356	17 835	22 737	1 106	4 440	9 924
江 西 省	4 322	2 386	1 936	2 189	1 284	849	871	1 412
山 东 省	43 622	23 713	19 909	16 985	20 751	5 886	8 857	15 360
河 南 省	45 658	21 972	23 686	9 826	30 828	5 004	14 287	22 779
湖 北 省	16 666	9 141	7 525	6 470	7 865	2 331	4 093	4 061
湖 南 省	16 720	9 147	7 573	7 812	7 352	1 556	4 769	5 634
广 东 省	270 252	132 897	137 355	115 053	117 080	38 119	34 835	44 099
广西壮族自治区	21 797	11 824	9 973	9 444	11 870	483	3 536	11 703
海 南 省	13 724	7 465	6 259	3 083	6 091	4 550	1 650	2 816
重 庆 市	75 495	34 775	40 720	26 397	41 504	7 594	14 891	46 693
四 川 省	115 309	65 754	49 555	47 401	59 465	8 443	42 881	38 903
贵 州 省	11 841	6 616	5 225	4 596	4 445	2 800	2 764	3 339
云 南 省	10 728	6 341	4 387	1 611	4 499	4 618	2 284	5 073
西藏自治区	6 249	3 412	2 837	4 423	1 529	297	841	3 121
陕 西 省	9 232	5 785	3 447	5 854	2 115	1 263	2 756	3 613
甘 肃 省	10 586	6 244	4 342	3 569	6 510	507	1 660	6 506
青 海 省	8 994	5 637	3 357	4 157	4 694	143	1 190	3 991
宁夏回族自治区	400	204	196	321	71	8	96	111
新疆维吾尔自治区	33 960	21 787	12 173	24 570	6 871	2 519	2 586	8 727

人 员 总 数

自地区				居住处所					
省外		港澳台	国外	旅店	居民家中	单位内部	工地现场	租赁房屋	其他
市	县								
9	10	11	12	13	14	15	16	17	18
308 055	**424 570**	**42 072**	**101 723**	**138 261**	**612 502**	**75 800**	**21 192**	**441 792**	**106 410**
29 967	32 994	1 882	6 978	13 885	32 640	4 297	1 872	14 069	5 058
17 004	13 480	4		3 592	15 873	1 537	354	6 921	2 211
1 770	3 795	8	79	320	6 304	347	1 663	1 476	1 913
2 179	2 271	11	97	2 940	8 425	290	259	1 482	370
2 544	12 631	1	27	3 619	20 143	352	375	2 272	4 477
3 212	4 145	104	702	1 273	9 017	656	875	4 825	744
3 131	4 186	38	300	2 700	10 600	81	157	3 406	679
1 070	1 597	29	457	644	5 214	118	116	1 062	773
90 732	110 040	14 443	56 183	98	56 888	16 235	1 382	155 695	41 100
11 410	25 621	642	1 245	10 331	36 506	6 959	1 102	19 833	6 427
9 788	12 193	839	12 806	5 296	23 106	1 390	118	14 045	1 021
7 463	5 998	118	125	1 621	22 440	1 565	1 479	10 697	1 114
3 851	7 936	6 644	8 883	2 583	28 092	3 535	263	6 838	367
833	1 000	103	103	156	3 264	106	60	553	183
7 263	10 798	461	883	3 898	25 767	3 818	1 519	6 670	1 950
4 026	4 526	22	18	10 473	27 709	2 832	322	3 054	1 268
2 433	4 191	542	1 346	2 111	10 704	929	401	1 566	955
2 603	2 876	515	323	1 846	7 761	2 026	1 030	2 190	1 867
62 164	108 149	13 620	7 385	23 726	78 781	11 130	2 286	132 392	21 937
1 960	4 523	20	55	8 004	7 697	495	345	5 134	122
3 180	3 605	1 211	1 262	1 075	5 232	1 491	418	4 819	689
4 076	9 835			805	56 397	8 313	1 012	6 554	2 414
21 675	10 202	601	1 047	7 483	73 563	3 856	1 359	25 451	3 597
2 297	3 252	110	79	787	6 025	707	696	2 457	1 169
1 062	2 272	34	3	852	5 354	448	591	1 908	1 575
1 247	1 037		3	318	4 195	735	316	660	25
1 313	1 441	31	78	1 219	5 569	779	333	919	413
812	1 585	4	19	435	7 291	261	160	1 945	494
1 148	2 664		1	3 933	4 062	26	89	758	126
102	91			80	272	25	4	19	
5 740	15 636	35	1 236	22 158	7 611	461	236	2 122	1 372

旅游观光

	合计	性别		暂住时间			来	
							省内	
		男	女	半年以下	半年至五年	五年以上	市	县
	1	2	3	4	5	6	7	8
全国	**5 261 157**	**4 238 689**	**1 022 468**	**4 940 726**	**266 019**	**54 412**	**399 492**	**456 287**
北京市	178 565	72 973	105 592	159 427	14 370	4 768		
天津市	3 236	2 429	807	1 340	1 662	234		
河北省	4 547	3 282	1 265	4 386	103	58	1 005	2 504
山西省	17 894	9 839	8 055	15 119	2 571	204	4 329	3 958
内蒙古自治区	5 762	3 319	2 443	4 614	1 018	130	974	979
辽宁省	32 696	16 981	15 715	29 586	1 151	1 959	13 110	6 497
吉林省	9 151	5 151	4 000	7 561	1 173	417	1 712	2 023
黑龙江省	3 005	1 555	1 450	1 414	297	1 294	938	819
上海市	473 882	303 550	170 332	361 634	104 446	7 802		
江苏省	47 462	26 443	21 019	39 752	6 811	899	10 659	14 712
浙江省	40 001	19 693	20 308	39 005	996		5 104	3 772
安徽省	16 787	9 721	7 066	13 347	1 781	1 659	4 853	4 237
福建省	15 672	9 460	6 212	10 051	4 978	643	2 659	1 445
江西省	671	396	275	562	72	37	133	149
山东省	41 666	24 183	17 483	16 573	22 533	2 560	8 910	18 284
河南省	19 926	12 222	7 704	6 105	13 083	738	7 775	5 572
湖北省	39 375	28 367	11 008	34 135	4 515	725	2 203	3 356
湖南省	11 274	4 857	6 417	10 052	916	306	2 812	2 451
广东省	109 625	61 020	48 605	69 086	29 879	10 660	19 299	21 859
广西壮族自治区	162 168	105 727	56 441	161 893	269	6	74 157	44 994
海南省	19 320	10 122	9 198	7 898	5 670	5 752	2 776	2 338
重庆市	8 859	4 449	4 410	3 219	3 896	1 744	4 735	2 836
四川省	126 716	54 329	72 387	116 899	7 995	1 822	47 565	37 164
贵州省	16 093	8 554	7 539	13 499	1 505	1 089	1 534	2 208
云南省	5 699	3 630	2 069	644	2 557	2 498	1 680	1 858
西藏自治区	2 699	1 485	1 214	2 222	453	24	185	261
陕西省	25 213	16 631	8 582	20 033	3 691	1 489	8 783	5 770
甘肃省	368 126	248 203	119 923	365 260	2 838	28	76 056	127 610
青海省	71 384	38 029	33 355	49 476	19 849	2 059	7 959	19 707
宁夏回族自治区	7 196	4 935	2 261	7 112	84		1 098	515
新疆维吾尔自治区	3 376 487	3 127 154	249 333	3 368 822	4 857	2 808	86 489	118 409

人 员 总 数

自地区				居住处所					
省外		港澳台	国外	旅店	居民家中	单位内部	工地现场	租赁房屋	其他
市	县								
9	10	11	12	13	14	15	16	17	18
3 565 280	**549 925**	**97 099**	**193 074**	**4 830 874**	**115 583**	**32 522**	**5 694**	**183 118**	**93 366**
67 524	18 529	58 270	34 242	163 009	7 077	1 026	146	7 026	281
1 215	2 020	1		1 124	644	130	31	1 005	302
516	486	1	35	2 954	150	66	2	103	1 272
5 027	4 518	8	54	15 811	1 291	79	41	138	534
2 276	1 470	12	51	4 422	584	128	37	361	230
6 743	4 199	527	1 620	24 373	3 208	220	235	3 388	1 272
2 165	2 402	92	757	6 173	1 132	98	14	1 229	505
689	466	23	70	2 445	317	9	18	159	57
208 049	137 874	13 271	114 688	318 785	34 925	6 314	815	84 737	28 306
6 676	11 710	1 586	2 119	33 414	4 574	2 697	320	4 257	2 200
10 070	18 014	838	2 203	23 742	1 310	363	2	14 254	330
4 878	2 280	325	214	10 942	1 924	303	305	2 311	1 002
5 244	4 384	358	1 582	13 904	1 187	182		381	18
186	177	6	20	281	244	23		33	90
4 278	8 833	184	1 177	8 899	5 218	7 725	200	14 335	5 289
4 315	2 244	12	8	14 071	2 409	1 358	84	634	1 370
2 299	1 817	9 969	19 731	36 794	1 083	537	65	483	413
2 999	2 222	305	485	5 479	566	1 125	53	1 511	2 540
29 869	29 724	4 178	4 696	56 966	16 321	3 221	828	21 763	10 526
32 175	10 655	114	73	161 813	334		18	3	
6 069	7 246	258	633	7 227	1 807	1 213	321	7 019	1 733
460	828			1 838	3 821	237	25	2 096	842
22 397	17 362	902	1 326	100 314	11 134	1 700	268	8 001	5 299
7 928	4 348	41	34	12 491	1 077	468	187	1 173	697
857	898	213	193	3 808	574	372	53	413	479
1 491	762			1 868	438	59		331	3
7 075	3 545	14	26	20 674	1 473	1 068	76	1 460	462
78 173	75 870	5 139	5 278	364 414	1 567	89	31	1 118	907
24 584	19 133	1		57 378	7 125	1 318	1 400	1 868	2 295
4 109	1 453	11	10	7 195	1				
3 014 944	154 456	440	1 749	3 348 266	2 068	394	119	1 528	24 112

各省、自治区、直辖市
暂住人口情况

北

甲		合计	性别		暂住时间			来	
								省内	
			男	女	半年以下	半年至五年	五年以上	市	县
甲		1	2	3	4	5	6	7	8
合计	1	**7 985 640**	**4 535 149**	**3 450 491**	**969 629**	**4 928 933**	**2 087 078**		
务工	2	5 264 418	3 040 265	2 224 153	495 947	3 359 858	1 408 613		
务农	3	208 019	122 738	85 281	25 149	130 045	52 825		
经商	4	1 069 018	636 489	432 529	91 645	672 157	305 216		
服务	5	643 885	357 129	286 756	60 033	398 760	185 092		
因公出差	6	64 245	38 740	25 505	27 895	29 584	6 766		
借读培训	7	172 784	93 109	79 675	20 724	131 174	20 886		
治病疗养	8	18 298	9 256	9 042	6 993	8 870	2 435		
保姆	9	37 145	6 242	30 903	4 662	23 063	9 420		
投靠亲友	10	163 168	70 531	92 637	33 966	82 864	46 338		
探亲访友	11	71 821	36 854	34 967	25 799	31 734	14 288		
旅游观光	12	178 565	72 973	105 592	159 427	14 370	4 768		
其他	13	94 274	50 823	43 451	17 389	46 454	30 431		

京

自地区				居住处所					
省外		港澳台	国外	旅店	居民家中	单位内部	工地现场	租赁房屋	其他
市	县								
9	10	11	12	13	14	15	16	17	18
3 027 873	**4 786 920**	**69 951**	**100 896**	**352 150**	**1 403 955**	**1 672 756**	**740 053**	**3 659 342**	**157 384**
1 888 192	3 351 008	3 800	21 418	53 847	863 851	1 227 763	622 616	2 421 410	74 931
78 881	129 122	1	15	289	35 556	45 957	16 750	97 533	11 934
460 098	595 215	2 324	11 381	35 212	224 407	142 771	50 085	594 090	22 453
266 009	372 534	334	5 008	18 388	87 589	153 930	33 964	339 640	10 374
29 376	29 161	936	4 772	27 880	5 405	14 785	459	15 299	417
72 638	93 863	764	5 519	13 199	22 008	64 172	2 813	60 294	10 298
10 013	8 111	18	156	5 079	5 427	758	4	5 912	1 118
12 710	24 373	7	55	228	20 530	1 793	561	13 327	706
78 002	78 147	1 047	5 972	8 110	83 459	5 971	8 501	51 282	5 845
29 967	32 994	1 882	6 978	13 885	32 640	4 297	1 872	14 069	5 058
67 524	18 529	58 270	34 242	163 009	7 077	1 026	146	7 026	281
34 463	53 863	568	5 380	13 024	16 006	9 533	2 282	39 460	13 969

天

		合计	性别		暂住时间			来	
								省内	
			男	女	半年以下	半年至五年	五年以上	市	县
甲		1	2	3	4	5	6	7	8
合计	1	**4 244 972**	**2 658 694**	**1 586 278**	**70 532**	**3 434 231**	**740 209**		
务工	2	3 462 974	2 251 048	1 211 926	50 972	2 940 199	471 803		
务农	3	51 308	32 266	19 042	1 689	42 233	7 386		
经商	4	105 156	62 599	42 557	1 836	73 877	29 443		
服务	5	62 165	32 788	29 377	557	45 745	15 863		
因公出差	6	4 720	3 517	1 203	530	3 672	518		
借读培训	7	100 848	53 182	47 666	306	60 546	39 996		
治病疗养	8	602	303	299	38	430	134		
保姆	9	1 788	124	1 664	4	1 553	231		
投靠亲友	10	124 941	46 037	78 904	1 079	69 927	53 935		
探亲访友	11	30 488	16 335	14 153	5 199	19 668	5 621		
旅游观光	12	3 236	2 429	807	1 340	1 662	234		
其他	13	296 746	158 066	138 680	6 982	174 719	115 045		

津

自地区				居住处所					
省外		港澳台	国外	旅店	居民家中	单位内部	工地现场	租赁房屋	其他
市	县								
9	10	11	12	13	14	15	16	17	18
1 630 062	**2 613 863**	**904**	**143**	**37 493**	**814 821**	**1 428 628**	**611 070**	**1 144 155**	**208 805**
1 223 914	2 238 183	755	122	21 477	493 780	1 289 511	598 135	950 430	109 641
13 921	37 375	10	2	633	13 599	12 882	4 017	16 009	4 168
45 749	59 382	17	8	780	32 321	8 183	905	59 471	3 496
23 357	38 789	18	1	308	7 525	21 324	913	30 767	1 328
3 662	1 058			878	489	2 549	26	347	431
51 794	49 048	4	2	177	11 411	58 307	1 761	13 383	15 809
370	232			5	328	50	2	148	69
778	1 009	1		11	786	102	13	833	43
70 789	54 114	34	4	144	96 754	3 834	1 572	16 384	6 253
17 004	13 480	4		3 592	15 873	1 537	354	6 921	2 211
1 215	2 020	1		1 124	644	130	31	1 005	302
177 509	119 173	60	4	8 364	141 311	30 219	3 341	48 457	65 054

河

		合计	性别		暂住时间			来	
								省内	
			男	女	半年以下	半年至五年	五年以上	市	县
甲		1	2	3	4	5	6	7	8
合计	1	**2 126 235**	**1 364 015**	**762 220**	**162 122**	**1 578 236**	**385 877**	**355 385**	**693 696**
务工	2	1 467 240	974 212	493 028	102 712	1 126 312	238 216	216 160	478 266
务农	3	18 329	12 142	6 187	2 763	12 771	2 795	3 729	5 608
经商	4	248 095	163 824	84 271	12 272	171 209	64 614	50 298	80 079
服务	5	120 677	60 978	59 699	16 696	89 950	14 031	20 337	41 309
因公出差	6	3 436	2 606	830	1 502	1 528	406	678	965
借读培训	7	90 832	53 031	37 801	5 242	70 763	14 827	28 100	28 730
治病疗养	8	2 055	1 156	899	447	1 389	219	525	692
保姆	9	1 866	405	1 461	254	1 391	221	223	780
投靠亲友	10	50 591	24 588	26 003	4 547	29 626	16 418	12 382	16 959
探亲访友	11	12 023	7 180	4 843	2 783	8 072	1 168	2 592	3 779
旅游观光	12	4 547	3 282	1 265	4 386	103	58	1 005	2 504
其他	13	106 544	60 611	45 933	8 518	65 122	32 904	19 356	34 025

北

自	地	区		居	住	处	所		
省外		港澳台	国外	旅店	居民家中	单位内部	工地现场	租赁房屋	其他
市	县								
9	10	11	12	13	14	15	16	17	18
299 581	**775 870**	**328**	**1 375**	**33 084**	**287 102**	**462 799**	**355 917**	**738 528**	**248 805**
197 894	574 264	122	534	16 200	157 681	370 621	323 295	464 186	135 257
3 039	5 953			386	5 418	1 993	1 458	5 506	3 568
38 725	78 819	46	128	2 459	45 142	18 981	13 142	148 326	20 045
17 105	41 921		5	3 955	12 958	38 895	8 867	48 709	7 293
813	915	2	63	937	103	613	994	532	257
17 540	16 148	10	304	1 311	10 634	17 245	1 222	23 343	37 077
451	387			46	461	42	50	637	819
103	760			34	1 039	568	22	138	65
7 599	13 594	10	47	2 064	26 753	1 595	1 096	7 962	11 121
1 770	3 795	8	79	320	6 304	347	1 663	1 476	1 913
516	486	1	35	2 954	150	66	2	103	1 272
14 026	38 828	129	180	2 418	20 459	11 833	4 106	37 610	30 118

山

甲		合计	性别		暂住时间			来	
			男	女	半年以下	半年至五年	五年以上	省内	
								市	县
甲		1	2	3	4	5	6	7	8
合计	1	**1 683 632**	**1 096 038**	**587 594**	**334 766**	**981 943**	**366 923**	**385 412**	**573 215**
务工	2	958 972	686 073	272 899	195 455	590 645	172 872	201 935	296 501
务农	3	12 546	7 597	4 949	1 062	7 819	3 665	2 649	4 575
经商	4	149 472	95 890	53 582	17 174	91 147	41 151	38 961	39 529
服务	5	252 050	136 125	115 925	48 514	144 170	59 366	48 450	122 601
因公出差	6	11 392	8 035	3 357	9 579	1 286	527	3 265	2 476
借读培训	7	28 657	17 409	11 248	7 399	18 975	2 283	11 742	8 317
治病疗养	8	3 376	1 808	1 568	2 287	911	178	1 040	1 418
保姆	9	2 385	162	2 223	316	1 550	519	422	1 259
投靠亲友	10	37 143	15 381	21 762	7 150	14 277	15 716	7 957	17 637
探亲访友	11	13 766	6 909	6 857	7 804	4 488	1 474	4 170	5 038
旅游观光	12	17 894	9 839	8 055	15 119	2 571	204	4 329	3 958
其他	13	195 979	110 810	85 169	22 907	104 104	68 968	60 492	69 906

西

自地区				居住处所					
省外		港澳台	国外	旅店	居民家中	单位内部	工地现场	租赁房屋	其他
市	县								
9	10	11	12	13	14	15	16	17	18
288 242	**435 815**	**94**	**854**	**50 887**	**143 540**	**357 522**	**315 189**	**576 947**	**239 547**
173 395	287 011	17	113	12 067	58 830	247 937	292 949	286 298	60 891
1 116	4 204	2		35	1 729	981	1 414	7 728	659
31 690	39 223	25	44	1 991	18 864	17 954	6 392	91 850	12 421
27 995	52 941	17	46	2 276	15 584	47 563	10 767	147 514	28 346
3 064	2 539	2	46	8 894	511	1 045	102	274	566
4 565	4 033			1 166	4 047	8 336	189	10 113	4 806
151	445		322	767	963	286	50	699	611
249	455				2 107	59	22	95	102
3 763	7 756	5	25	142	23 181	1 031	297	6 770	5 722
2 179	2 271	11	97	2 940	8 425	290	259	1 482	370
5 027	4 518	8	54	15 811	1 291	79	41	138	534
35 048	30 419	7	107	4 798	8 008	31 961	2 707	23 986	124 519

内　蒙

		合计	性别		暂住时间			来	
								省内	
			男	女	半年以下	半年至五年	五年以上	市	县
甲		1	2	3	4	5	6	7	8
合计	1	**2 765 036**	**1 765 565**	**999 471**	**577 487**	**1 597 691**	**589 858**	**484 721**	**1 036 545**
务工	2	1 613 349	1 120 295	493 054	335 657	974 280	303 412	232 947	585 165
务农	3	56 087	34 187	21 900	11 602	27 365	17 120	7 532	22 162
经商	4	356 838	224 794	132 044	54 473	193 618	108 747	74 102	127 024
服务	5	305 174	164 826	140 348	72 558	173 135	59 481	79 712	125 125
因公出差	6	9 849	6 761	3 088	3 227	3 846	2 776	2 750	2 234
借读培训	7	118 124	60 917	57 207	9 956	81 981	26 187	29 921	55 198
治病疗养	8	21 694	14 547	7 147	19 569	1 696	429	6 454	7 300
保姆	9	8 037	1 048	6 989	1 621	4 799	1 617	2 331	2 911
投靠亲友	10	60 957	28 972	31 985	14 627	28 862	17 468	11 331	25 681
探亲访友	11	31 238	16 138	15 100	12 104	16 609	2 525	6 049	9 986
旅游观光	12	5 762	3 319	2 443	4 614	1 018	130	974	979
其他	13	177 927	89 761	88 166	37 479	90 482	49 966	30 618	72 780

古

自地区：省外（市）	自地区：省外（县）	自地区：港澳台	自地区：国外	居住处所：旅店	居住处所：居民家中	居住处所：单位内部	居住处所：工地现场	居住处所：租赁房屋	居住处所：其他
9	10	11	12	13	14	15	16	17	18
367 168	**875 395**	**38**	**1 169**	**107 827**	**355 315**	**352 054**	**689 320**	**975 842**	**284 678**
210 606	583 958	16	657	52 005	142 721	216 125	601 259	523 496	77 743
6 264	20 129			1 399	18 434	3 097	5 915	20 042	7 200
60 009	95 669	5	29	10 036	52 215	37 044	27 421	186 116	44 006
31 304	68 873	2	158	18 775	40 517	52 515	24 348	132 148	36 871
2 292	2 545	2	26	4 070	1 361	2 363	1 041	844	170
13 956	18 902		147	2 530	14 714	23 820	3 122	36 045	37 893
3 727	4 184		29	881	1 022	22	29	490	19 250
951	1 844			450	4 906	293	627	1 625	136
7 131	16 798		16	2 963	32 683	1 527	4 585	14 048	5 151
2 544	12 631	1	27	3 619	20 143	352	375	2 272	4 477
2 276	1 470	12	51	4 422	584	128	37	361	230
26 108	48 392		29	6 677	26 015	14 768	20 561	58 355	51 551

辽

甲		合计	性别		暂住时间			来	
								省内	
			男	女	半年以下	半年至五年	五年以上	市	县
甲		1	2	3	4	5	6	7	8
合计	1	**2 682 299**	**1 678 814**	**1 003 485**	**572 778**	**1 706 682**	**402 839**	**457 718**	**949 901**
务工	2	1 465 889	961 689	504 200	307 700	963 597	194 592	228 079	523 267
务农	3	93 850	60 861	32 989	18 618	60 591	14 641	14 479	35 276
经商	4	194 897	122 339	72 558	31 556	113 667	49 674	43 030	58 497
服务	5	174 611	89 293	85 318	31 798	109 091	33 722	28 497	65 379
因公出差	6	11 795	8 032	3 763	4 966	2 698	4 131	2 323	2 691
借读培训	7	167 262	86 118	81 144	29 344	127 409	10 509	40 350	68 661
治病疗养	8	5 075	3 146	1 929	2 609	1 501	965	1 148	1 867
保姆	9	8 489	846	7 643	2 109	4 696	1 684	1 079	4 054
投靠亲友	10	63 865	29 813	34 052	16 937	38 067	8 861	13 510	17 742
探亲访友	11	17 390	9 296	8 094	8 334	7 061	1 995	4 024	5 203
旅游观光	12	32 696	16 981	15 715	29 586	1 151	1 959	13 110	6 497
其他	13	446 480	290 400	156 080	89 221	277 153	80 106	68 089	160 767

宁

自地区				居住处所					
省外		港澳台	国外	旅店	居民家中	单位内部	工地现场	租赁房屋	其他
市	县								
9	10	11	12	13	14	15	16	17	18
367 121	**884 916**	**1 698**	**20 945**	**45 197**	**311 373**	**426 885**	**560 623**	**1 115 755**	**222 466**
208 793	499 969	98	5 683	7 630	127 127	243 808	432 678	596 663	57 983
12 205	31 869	5	16	240	22 325	8 967	8 398	47 090	6 830
37 255	50 231	425	5 459	2 782	36 402	18 238	11 109	110 206	16 160
27 071	52 613	59	992	2 985	22 065	38 101	13 076	90 424	7 960
2 308	2 644	69	1 760	2 773	3 262	1 572	1 000	2 637	551
13 882	40 341	241	3 787	711	8 198	84 417	4 880	30 184	38 872
674	1 353	4	29	233	750	327	278	2 922	565
1 013	2 317	3	23	59	5 507	153	192	2 310	268
13 861	18 355	116	281	706	31 125	3 308	2 418	17 502	8 806
3 212	4 145	104	702	1 273	9 017	656	875	4 825	744
6 743	4 199	527	1 620	24 373	3 208	220	235	3 388	1 272
40 104	176 880	47	593	1 432	42 387	27 118	85 484	207 604	82 455

吉

甲		合计	性别		暂住时间			来	
								省内	
			男	女	半年以下	半年至五年	五年以上	市	县
甲		1	2	3	4	5	6	7	8
合计	1	**1 018 691**	**594 621**	**424 070**	**333 598**	**434 169**	**250 924**	**252 813**	**427 234**
务工	2	445 284	288 027	157 257	140 313	198 629	106 342	102 791	194 105
务农	3	94 167	55 522	38 645	35 916	36 380	21 871	20 661	45 033
经商	4	161 003	93 740	67 263	52 162	68 250	40 591	44 356	59 981
服务	5	93 336	43 043	50 293	24 309	47 753	21 274	25 460	37 317
因公出差	6	11 005	6 644	4 361	7 341	3 164	500	2 339	3 038
借读培训	7	34 889	19 538	15 351	8 502	16 434	9 953	9 134	13 686
治病疗养	8	4 180	2 302	1 878	2 439	1 217	524	771	2 545
保姆	9	8 501	76	8 425	3 680	3 527	1 294	1 760	3 856
投靠亲友	10	58 419	26 845	31 574	18 196	18 568	21 655	13 791	26 255
探亲访友	11	17 623	10 279	7 344	8 259	6 615	2 749	3 811	6 157
旅游观光	12	9 151	5 151	4 000	7 561	1 173	417	1 712	2 023
其他	13	81 133	43 454	37 679	24 920	32 459	23 754	26 227	33 238

林

自地区				居住处所					
省外		港澳台	国外	旅店	居民家中	单位内部	工地现场	租赁房屋	其他
市	县								
9	10	11	12	13	14	15	16	17	18
143 948	**189 778**	**218**	**4 700**	**32 037**	**283 087**	**75 511**	**172 237**	**362 618**	**93 201**
60 374	86 541	29	1 444	5 457	83 341	26 987	139 077	168 310	22 112
11 481	16 946		46	327	43 965	1 675	18 912	21 569	7 719
27 056	29 393	10	207	5 721	39 516	11 538	8 160	79 797	16 271
12 869	17 663	3	24	2 337	26 473	19 560	2 620	35 650	6 696
3 295	2 207	2	124	5 773	564	2 233	70	2 096	269
4 490	6 525	4	1 050	872	5 060	8 883	209	14 941	4 924
374	467	3	20	523	1 347	891	51	818	550
1 059	1 826			36	5 072	73	39	2 578	703
7 146	10 971	10	246	499	41 121	738	387	11 855	3 819
3 131	4 186	38	300	2 700	10 600	81	157	3 406	679
2 165	2 402	92	757	6 173	1 132	98	14	1 229	505
10 508	10 651	27	482	1 619	24 896	2 754	2 541	20 369	28 954

黑龙

		合计	性别		暂住时间			来	
								省内	
			男	女	半年以下	半年至五年	五年以上	市	县
甲		1	2	3	4	5	6	7	8
合计	1	**1 235 940**	**729 234**	**506 706**	**223 455**	**701 402**	**311 083**	**318 644**	**553 814**
务工	2	661 706	415 516	246 190	148 784	340 081	172 841	152 104	327 600
务农	3	88 047	52 211	35 836	10 942	34 403	42 702	21 978	47 271
经商	4	96 271	57 338	38 933	18 639	43 086	34 546	25 963	39 524
服务	5	61 869	32 103	29 766	13 525	32 377	15 967	15 744	28 442
因公出差	6	5 583	4 010	1 573	4 383	856	344	2 026	1 650
借读培训	7	62 499	32 020	30 479	2 812	54 467	5 220	21 848	19 448
治病疗养	8	2 652	1 690	962	1 602	757	293	1 966	473
保姆	9	2 075	55	2 020	440	1 106	529	362	1 024
投靠亲友	10	30 894	14 610	16 284	7 363	12 763	10 768	8 095	14 339
探亲访友	11	7 927	4 241	3 686	2 851	3 183	1 893	2 126	2 648
旅游观光	12	3 005	1 555	1 450	1 414	297	1 294	938	819
其他	13	213 412	113 885	99 527	10 700	178 026	24 686	65 494	70 576

江

自地区				居住处所					
省外		港澳台	国外	旅店	居民家中	单位内部	工地现场	租赁房屋	其他
市	县								
9	10	11	12	13	14	15	16	17	18
147 982	**203 530**	**7 632**	**4 338**	**44 186**	**211 811**	**316 167**	**134 050**	**391 912**	**137 814**
62 351	110 320	7 543	1 788	23 532	103 182	85 821	120 260	259 678	69 233
6 603	12 186	1	8	1 480	36 988	3 396	4 414	22 352	19 417
13 097	17 587	7	93	4 823	22 962	8 215	3 135	44 060	13 076
6 994	10 651		38	2 028	8 097	14 585	1 876	30 180	5 103
1 105	793		9	4 563	350	219	56	326	69
16 120	3 602	9	1 472	1 504	2 469	44 621	120	5 471	8 314
125	88			1 559	412	16	3	344	318
364	325				1 803	11	15	224	22
3 349	4 921	11	179	415	17 747	607	1 045	6 362	4 718
1 070	1 597	29	457	644	5 214	118	116	1 062	773
689	466	23	70	2 445	317	9	18	159	57
36 115	40 994	9	224	1 193	12 270	158 549	2 992	21 694	16 714

上

甲		合计	性别 男	性别 女	暂住时间 半年以下	暂住时间 半年至五年	暂住时间 五年以上	来 省内 市	来 省内 县
		1	2	3	4	5	6	7	8
合计	1	**11 432 528**	**6 335 596**	**5 096 932**	**1 352 544**	**8 231 855**	**1 848 129**		
务工	2	7 277 858	4 136 513	3 141 345	626 779	5 475 641	1 175 438		
务农	3	158 275	84 294	73 981	13 033	109 037	36 205		
经商	4	584 565	340 601	243 964	49 798	382 500	152 267		
服务	5	43 160	19 365	23 795	3 438	32 160	7 562		
因公出差	6	35 960	17 033	18 927	10 043	23 958	1 959		
借读培训	7	426 982	234 249	192 733	39 080	344 247	43 655		
治病疗养	8	8 619	4 467	4 152	3 135	4 892	592		
保姆	9	19 699	5 208	14 491	1 073	14 889	3 737		
投靠亲友	10	1 101 317	497 464	603 853	73 398	803 428	224 491		
探亲访友	11	271 398	121 458	149 940	47 525	195 787	28 086		
旅游观光	12	473 882	303 550	170 332	361 634	104 446	7 802		
其他	13	1 030 813	571 394	459 419	123 608	740 870	166 335		

海

自地区				居住处所					
省外		港澳台	国外	旅店	居民家中	单位内部	工地现场	租赁房屋	其他
市	县								
9	10	11	12	13	14	15	16	17	18
4 746 162	**6 271 733**	**130 255**	**284 378**	**370 556**	**1 218 584**	**1 344 328**	**186 020**	**6 785 616**	**1 527 424**
2 954 099	4 224 168	59 244	40 347	973	513 979	1 018 416	152 167	4 619 176	973 147
55 159	102 377	606	133		6 865	15 972	5 983	95 208	34 247
244 838	300 776	16 594	22 357	13 599	79 765	53 786	2 508	349 800	85 107
17 325	25 421	333	81	35	2 527	3 856	181	32 054	4 507
8 923	9 077	1 151	16 809	1 149	7 825	1 468	180	19 300	6 038
166 755	250 470	4 328	5 429	140	46 557	48 235	1 866	275 473	54 711
4 087	4 423	83	26	540	916	432	34	4 716	1 981
8 947	10 391	276	85	1	2 590	1 158	97	11 455	4 398
559 053	531 817	8 131	2 316	1	356 071	57 464	4 067	527 300	156 414
90 732	110 040	14 443	56 183	98	56 888	16 235	1 382	155 695	41 100
208 049	137 874	13 271	114 688	318 785	34 925	6 314	815	84 737	28 306
428 195	564 899	11 795	25 924	35 235	109 676	120 992	16 740	610 702	137 468

江

		合计	性别		暂住时间			来	
								省内	
			男	女	半年以下	半年至五年	五年以上	市	县
甲		1	2	3	4	5	6	7	8
合计	1	**17 161 010**	**10 161 529**	**6 999 481**	**5 822 899**	**10 096 426**	**1 241 685**	**1 428 754**	**4 632 565**
务工	2	11 454 216	7 062 528	4 391 688	4 197 846	6 643 337	613 033	653 204	2 861 054
务农	3	295 837	161 970	133 867	51 861	198 768	45 208	40 418	87 235
经商	4	1 457 829	889 514	568 315	391 290	889 106	177 433	173 386	418 334
服务	5	1 272 444	656 700	615 744	310 189	776 338	185 917	155 948	380 911
因公出差	6	102 012	73 243	28 769	65 093	23 500	13 419	27 447	26 791
借读培训	7	671 051	368 512	302 539	159 177	454 213	57 661	146 262	295 452
治病疗养	8	18 889	11 001	7 888	12 458	5 099	1 332	4 883	9 020
保姆	9	32 483	7 143	25 340	7 524	19 647	5 312	7 549	13 250
投靠亲友	10	570 809	220 769	350 040	176 653	356 253	37 903	35 664	156 935
探亲访友	11	81 158	42 036	39 122	49 918	26 136	5 104	14 854	27 386
旅游观光	12	47 462	26 443	21 019	39 752	6 811	899	10 659	14 712
其他	13	1 156 820	641 670	515 150	361 138	697 218	98 464	158 480	341 485

苏

自地区				居住处所					
省外		港澳台	国外	旅店	居民家中	单位内部	工地现场	租赁房屋	其他
市	县								
9	10	11	12	13	14	15	16	17	18
1 616 290	**9 436 417**	**16 532**	**30 452**	**240 101**	**1 500 589**	**4 333 246**	**1 313 854**	**8 987 122**	**786 098**
984 862	6 941 040	4 637	9 419	42 785	691 896	3 400 767	1 121 251	5 928 605	268 912
27 746	140 422	16		1 979	63 758	24 428	24 455	158 561	22 656
158 141	700 189	3 611	4 168	40 489	172 470	159 723	35 085	947 037	103 025
173 058	560 583	558	1 386	13 399	121 611	237 295	34 485	767 833	97 821
17 322	26 199	1 628	2 625	57 411	5 161	18 148	1 529	12 464	7 299
71 406	152 677	552	4 702	10 604	77 549	294 400	8 209	172 962	107 327
1 770	3 211	1	4	1 124	3 365	8 751	97	2 667	2 885
3 588	8 093	2	1	311	20 921	1 454	933	7 948	916
39 088	338 044	397	681	4 394	135 365	32 368	4 278	376 946	17 458
11 410	25 621	642	1 245	10 331	36 506	6 959	1 102	19 833	6 427
6 676	11 710	1 586	2 119	33 414	4 574	2 697	320	4 257	2 200
121 223	528 628	2 902	4 102	23 860	167 413	146 256	82 110	588 009	149 172

浙

甲		合计	性别		暂住时间			来	
			男	女	半年以下	半年至五年	五年以上	省内	
								市	县
甲		1	2	3	4	5	6	7	8
合计	1	**22 115 136**	**12 664 714**	**9 450 422**	**7 490 125**	**13 871 322**	**753 689**	**2 125 133**	**2 524 193**
务工	2	17 546 321	10 236 373	7 309 948	5 828 333	11 094 715	623 273	1 584 262	2 013 303
务农	3	108 902	58 799	50 103	35 530	67 962	5 410	12 462	17 232
经商	4	615 182	356 600	258 582	138 213	435 166	41 803	102 219	101 573
服务	5	453 517	205 199	248 318	122 153	316 069	15 295	34 264	39 004
因公出差	6	19 098	13 882	5 216	15 942	2 846	310	5 031	3 635
借读培训	7	451 351	225 710	225 641	79 843	367 302	4 206	189 304	120 205
治病疗养	8	6 155	3 026	3 129	4 650	1 480	25	2 277	1 863
保姆	9	10 701	845	9 856	2 147	7 837	717	1 798	2 074
投靠亲友	10	104 949	42 125	62 824	34 481	68 339	2 129	15 461	11 439
探亲访友	11	44 976	20 666	24 310	26 286	18 435	255	4 923	4 427
旅游观光	12	40 001	19 693	20 308	39 005	996		5 104	3 772
其他	13	2 713 983	1 481 796	1 232 187	1 163 542	1 490 175	60 266	168 028	205 666

江

自地区				居住处所					
省外		港澳台	国外	旅店	居民家中	单位内部	工地现场	租赁房屋	其他
市	县								
9	10	11	12	13	14	15	16	17	18
5 833 543	**11 580 136**	**12 584**	**39 547**	**111 230**	**989 070**	**5 292 547**	**726 233**	**14 502 545**	**493 511**
4 686 967	9 249 878	4 433	7 478	38 479	686 713	4 547 629	696 817	11 235 082	341 601
26 188	53 020			109	10 908	9 963	6 784	70 584	10 554
152 739	243 593	4 687	10 371	15 189	53 766	45 492	2 825	482 902	15 008
151 258	228 359	112	520	4 683	18 144	100 672	1 434	317 444	11 140
3 917	5 265	318	932	15 152	335	2 259	36	1 176	140
63 589	75 936	149	2 168	1 404	9 271	345 286	1 071	58 578	35 741
1 001	1 011		3	640	525	1 289	1	1 250	2 450
2 651	4 177		1	38	3 022	1 370	32	6 114	125
29 753	46 390	459	1 447	258	40 868	4 464	520	55 968	2 871
9 788	12 193	839	12 806	5 296	23 106	1 390	118	14 045	1 021
10 070	18 014	838	2 203	23 742	1 310	363	2	14 254	330
695 622	1 642 300	749	1 618	6 240	141 102	232 370	16 593	2 245 148	72 530

安

		合计	性别		暂住时间			来	
								省内	
			男	女	半年以下	半年至五年	五年以上	市	县
甲		1	2	3	4	5	6	7	8
合计	1	**3 123 379**	**1 900 273**	**1 223 106**	**705 731**	**1 797 672**	**619 976**	**679 365**	**1 356 752**
务工	2	1 642 658	1 067 799	574 859	407 022	976 059	259 577	338 411	697 977
务农	3	45 169	27 878	17 291	7 726	26 218	11 225	10 378	23 751
经商	4	442 456	277 861	164 595	85 522	244 571	112 363	103 886	180 457
服务	5	265 959	125 489	140 470	39 341	141 294	85 324	50 332	137 156
因公出差	6	11 639	8 451	3 188	4 716	4 913	2 010	3 548	3 802
借读培训	7	251 535	144 802	106 733	50 347	186 260	14 928	65 844	111 748
治病疗养	8	5 655	3 024	2 631	1 678	2 628	1 349	1 667	1 789
保姆	9	12 074	3 108	8 966	2 326	5 926	3 822	2 080	5 989
投靠亲友	10	134 373	64 455	69 918	24 723	71 501	38 149	29 372	62 017
探亲访友	11	38 916	20 894	18 022	16 690	15 333	6 893	14 827	10 385
旅游观光	12	16 787	9 721	7 066	13 347	1 781	1 659	4 853	4 237
其他	13	256 158	146 791	109 367	52 293	121 188	82 677	54 167	117 444

徽

自地区				居住处所					
省外		港澳台	国外	旅店	居民家中	单位内部	工地现场	租赁房屋	其他
市	县								
9	10	11	12	13	14	15	16	17	18
439 128	**643 094**	**2 017**	**3 023**	**46 496**	**628 695**	**522 113**	**445 927**	**1 284 918**	**195 230**
239 912	364 755	544	1 059	10 816	234 277	256 601	348 966	690 356	101 642
4 020	6 974	22	24	551	11 406	5 377	3 795	16 043	7 997
67 761	89 637	327	388	6 525	96 969	47 721	37 846	234 517	18 878
30 229	47 789	181	272	5 047	44 766	41 393	22 245	139 952	12 556
2 050	2 115	41	83	3 232	1 404	1 861	1 241	2 960	941
30 249	43 431	56	207	1 571	29 590	130 962	8 582	56 573	24 257
1 133	1 042	14	10	272	1 253	579	422	2 290	839
1 288	2 676	16	25	156	6 248	482	586	3 783	819
14 592	27 973	189	230	1 376	79 366	7 500	3 621	38 264	4 246
7 463	5 998	118	125	1 621	22 440	1 565	1 479	10 697	1 114
4 878	2 280	325	214	10 942	1 924	303	305	2 311	1 002
35 553	48 424	184	386	4 387	99 052	27 769	16 839	87 172	20 939

福

		合计	性别		暂住时间			来	
								省内	
			男	女	半年以下	半年至五年	五年以上	市	县
甲		1	2	3	4	5	6	7	8
合计	1	**11 354 218**	**7 067 033**	**4 287 185**	**3 331 363**	**7 571 600**	**451 255**	**442 570**	**1 924 748**
务工	2	9 481 914	5 991 397	3 490 517	2 940 194	6 182 208	359 512	254 632	1 492 347
务农	3	77 551	43 780	33 771	13 753	56 935	6 863	1 771	19 750
经商	4	343 166	206 846	136 320	70 355	256 066	16 745	97 962	106 559
服务	5	208 807	99 248	109 559	48 993	141 964	17 850	12 335	41 176
因公出差	6	5 401	3 959	1 442	2 504	2 775	122	751	1 635
借读培训	7	374 940	207 153	167 787	38 163	319 168	17 609	27 320	103 748
治病疗养	8	2 086	1 265	821	461	1 496	129	411	589
保姆	9	21 161	1 843	19 318	2 746	18 020	395	704	3 950
投靠亲友	10	41 675	20 017	21 658	5 642	33 915	2 118	5 030	8 998
探亲访友	11	41 678	21 322	20 356	17 835	22 737	1 106	4 440	9 924
旅游观光	12	15 672	9 460	6 212	10 051	4 978	643	2 659	1 445
其他	13	740 167	460 743	279 424	180 666	531 338	28 163	34 555	134 627

建

自地区				居住处所					
省外		港澳台	国外	旅店	居民家中	单位内部	工地现场	租赁房屋	其他
市	县								
9	10	11	12	13	14	15	16	17	18
794 741	**8 130 160**	**29 774**	**32 225**	**43 018**	**1 768 353**	**3 076 813**	**570 623**	**5 491 003**	**404 408**
647 033	7 072 357	5 695	9 850	3 321	1 376 227	2 648 354	523 637	4 593 598	336 777
2 290	53 720	15	5	11	15 601	5 293	6 093	48 749	1 804
39 404	92 008	4 638	2 595	14 099	37 233	17 060	1 337	270 460	2 977
29 929	125 325	8	34	357	9 288	54 088	1 060	142 427	1 587
706	2 167	58	84	520	652	2 369	485	1 250	125
23 782	219 451	185	454	595	39 333	198 902	807	125 598	9 705
162	874	39	11	104	1 018	300	36	419	209
1 799	14 655		53	1	16 641	938	28	3 115	438
4 021	19 349	1 701	2 576	200	31 589	1 459	497	6 559	1 371
3 851	7 936	6 644	8 883	2 583	28 092	3 535	263	6 838	367
5 244	4 384	358	1 582	13 904	1 187	182		381	18
36 520	517 934	10 433	6 098	7 323	211 492	144 333	36 380	291 609	49 030

甲		合计	性别		暂住时间			来	
			男	女	半年以下	半年至五年	五年以上	省内	
								市	县
甲		1	2	3	4	5	6	7	8
合计	1	**964 185**	**602 802**	**361 383**	**196 433**	**593 495**	**174 257**	**184 192**	**406 537**
务工	2	613 932	400 733	213 199	127 890	385 876	100 166	116 714	263 253
务农	3	16 189	10 217	5 972	6 412	5 978	3 799	2 747	7 693
经商	4	121 502	72 090	49 412	21 144	70 246	30 112	31 536	44 246
服务	5	48 301	21 492	26 809	14 676	25 826	7 799	11 084	18 911
因公出差	6	2 512	1 677	835	1 860	525	127	694	563
借读培训	7	88 273	59 647	28 626	8 319	69 376	10 578	8 555	33 576
治病疗养	8	271	163	108	150	120	1	60	131
保姆	9	3 721	77	3 644	1 857	1 651	213	343	2 359
投靠亲友	10	16 716	8 710	8 006	4 943	8 256	3 517	2 653	9 259
探亲访友	11	4 322	2 386	1 936	2 189	1 284	849	871	1 412
旅游观光	12	671	396	275	562	72	37	133	149
其他	13	47 775	25 214	22 561	6 431	24 285	17 059	8 802	24 985

西

自地区				居住处所					
省外		港澳台	国外	旅店	居民家中	单位内部	工地现场	租赁房屋	其他
市	县								
9	10	11	12	13	14	15	16	17	18
113 825	**257 510**	**600**	**1 521**	**12 037**	**87 197**	**272 985**	**126 659**	**396 472**	**68 835**
73 695	159 450	256	564	4 824	36 821	186 003	113 305	252 277	20 702
1 265	4 484			25	2 252	1 121	2 616	8 883	1 292
17 774	27 727	139	80	3 349	11 667	18 914	4 973	73 992	8 607
7 802	10 500	2	2	1 943	4 146	9 690	2 610	26 420	3 492
654	599	1	1	845	128	481	25	877	156
5 088	40 327	39	688	271	2 710	53 567	309	7 861	23 555
61	16	3		23	38	85		58	67
223	796				2 304	154		1 051	212
1 752	2 979	29	44	87	8 664	456	249	5 986	1 274
833	1 000	103	103	156	3 264	106	60	553	183
186	177	6	20	281	244	23		33	90
4 492	9 455	22	19	233	14 959	2 385	2 512	18 481	9 205

		合计	性别		暂住时间			来	
								省内	
			男	女	半年以下	半年至五年	五年以上	市	县
甲		1	2	3	4	5	6	7	8
合计	1	**6 879 169**	**4 146 911**	**2 732 258**	**1 206 404**	**4 784 641**	**888 124**	**1 304 424**	**3 060 197**
务工	2	4 228 277	2 680 828	1 547 449	752 415	2 913 938	561 924	757 929	1 902 484
务农	3	92 899	54 929	37 970	13 652	62 487	16 760	15 647	41 300
经商	4	594 059	375 133	218 926	100 112	389 822	104 125	135 885	212 828
服务	5	293 519	153 339	140 180	41 435	212 969	39 115	52 989	129 950
因公出差	6	37 243	24 164	13 079	15 338	20 399	1 506	8 068	13 878
借读培训	7	965 214	502 499	462 715	136 078	766 956	62 180	206 172	478 039
治病疗养	8	4 436	3 045	1 391	1 516	2 631	289	961	1 893
保姆	9	7 968	1 227	6 741	1 030	5 746	1 192	1 084	4 380
投靠亲友	10	107 476	52 024	55 452	25 942	64 219	17 315	24 873	40 065
探亲访友	11	43 622	23 713	19 909	16 985	20 751	5 886	8 857	15 360
旅游观光	12	41 666	24 183	17 483	16 573	22 533	2 560	8 910	18 284
其他	13	462 790	251 827	210 963	85 328	302 190	75 272	83 049	201 736

东

自	地	区		居	住	处	所		
省外		港澳台	国外	旅店	居民家中	单位内部	工地现场	租赁房屋	其他
市	县								
9	10	11	12	13	14	15	16	17	18
786 937	**1 714 306**	**2 642**	**10 663**	**65 046**	**832 170**	**3 024 195**	**673 092**	**1 840 830**	**443 836**
462 634	1 101 173	772	3 285	17 455	443 089	1 827 509	577 810	1 178 122	184 292
10 710	25 234		8	817	28 019	15 275	5 765	34 892	8 131
99 269	143 129	500	2 448	10 766	116 267	85 188	21 402	326 065	34 371
34 365	76 199	1	15	5 893	33 852	101 507	39 759	102 917	9 591
5 407	9 485	110	295	10 764	2 029	18 279	705	4 123	1 343
90 555	188 854	325	1 269	3 675	24 067	824 395	1 642	33 461	77 974
683	899			111	882	1 245	17	566	1 615
586	1 918			137	6 474	171	75	865	246
19 077	23 172	111	178	1 321	73 532	6 727	2 983	17 409	5 504
7 263	10 798	461	883	3 898	25 767	3 818	1 519	6 670	1 950
4 278	8 833	184	1 177	8 899	5 218	7 725	200	14 335	5 289
52 110	124 612	178	1 105	1 310	72 974	132 356	21 215	121 405	113 530

		合计	性别		暂住时间			来	
								省内	
			男	女	半年以下	半年至五年	五年以上	市	县
甲		1	2	3	4	5	6	7	8
合计	1	**4 933 546**	**2 957 419**	**1 976 127**	**774 942**	**3 593 550**	**565 054**	**1 649 533**	**2 490 028**
务工	2	3 215 983	1 989 454	1 226 529	549 048	2 336 260	330 675	1 031 503	1 701 061
务农	3	36 440	21 445	14 995	8 148	22 405	5 887	11 698	18 978
经商	4	322 972	200 805	122 167	40 730	215 331	66 911	89 012	148 324
服务	5	65 390	35 380	30 010	13 751	38 777	12 862	18 139	31 632
因公出差	6	39 852	28 659	11 193	8 076	29 072	2 704	17 178	11 690
借读培训	7	682 809	371 180	311 629	62 866	527 077	92 866	259 476	326 400
治病疗养	8	11 237	5 987	5 250	2 815	5 908	2 514	4 149	5 554
保姆	9	3 328	324	3 004	434	2 084	810	1 006	1 909
投靠亲友	10	92 078	42 662	49 416	18 872	64 991	8 215	39 887	34 590
探亲访友	11	45 658	21 972	23 686	9 826	30 828	5 004	14 287	22 779
旅游观光	12	19 926	12 222	7 704	6 105	13 083	738	7 775	5 572
其他	13	397 873	227 329	170 544	54 271	307 734	35 868	155 423	181 539

南

自地区				居住处所					
省外		港澳台	国外	旅店	居民家中	单位内部	工地现场	租赁房屋	其他
市	县								
9	10	11	12	13	14	15	16	17	18
353 939	**438 025**	**1 295**	**726**	**232 241**	**1 222 755**	**1 950 234**	**332 857**	**865 820**	**329 639**
211 863	270 734	613	209	80 307	845 933	1 226 339	312 519	650 967	99 918
2 514	3 210	28	12	3 462	15 066	8 304	3 616	4 065	1 927
35 795	49 545	256	40	19 259	106 875	59 148	4 451	113 170	20 069
5 953	9 637	17	12	5 548	14 756	19 412	2 956	20 047	2 671
6 600	4 354	23	7	22 004	2 073	7 244	942	800	6 789
39 171	57 619	37	106	12 836	40 401	529 139	2 773	30 987	66 673
961	565	6	2	1 987	1 979	4 803	129	1 519	820
95	305	8	5	124	2 604	156	71	295	78
8 675	8 871	45	10	3 271	58 231	20 981	508	6 824	2 263
4 026	4 526	22	18	10 473	27 709	2 832	322	3 054	1 268
4 315	2 244	12	8	14 071	2 409	1 358	84	634	1 370
33 971	26 415	228	297	58 899	104 719	70 518	4 486	33 458	125 793

湖

		合计	性别		暂住时间			来	
								省内	
			男	女	半年以下	半年至五年	五年以上	市	县
甲		1	2	3	4	5	6	7	8
合计	1	**4 048 523**	**2 362 060**	**1 686 463**	**1 057 589**	**2 601 161**	**389 773**	**376 257**	**2 310 395**
务工	2	2 612 976	1 580 095	1 032 881	791 065	1 660 973	160 938	168 546	1 621 559
务农	3	74 802	41 598	33 204	7 615	51 088	16 099	11 173	33 887
经商	4	277 808	158 449	119 359	35 099	173 714	68 995	53 010	120 160
服务	5	71 939	31 572	40 367	9 814	33 211	28 914	16 689	26 816
因公出差	6	12 471	8 915	3 556	8 376	2 730	1 365	2 476	1 797
借读培训	7	250 571	138 220	112 351	29 159	204 054	17 358	31 978	142 127
治病疗养	8	1 983	1 066	917	797	746	440	649	603
保姆	9	3 446	770	2 676	482	2 184	780	739	1 804
投靠亲友	10	92 285	39 850	52 435	11 623	52 720	27 942	22 115	38 490
探亲访友	11	16 666	9 141	7 525	6 470	7 865	2 331	4 093	4 061
旅游观光	12	39 375	28 367	11 008	34 135	4 515	725	2 203	3 356
其他	13	594 201	324 017	270 184	122 954	407 361	63 886	62 586	315 735

北

自	地	区		居	住	处	所		
省外		港澳台	国外	旅店	居民家中	单位内部	工地现场	租赁房屋	其他
市	县								
9	10	11	12	13	14	15	16	17	18
233 671	**1 078 482**	**13 761**	**35 957**	**116 112**	**392 458**	**1 530 685**	**161 177**	**1 228 641**	**619 450**
99 410	717 025	1 520	4 916	36 452	171 532	1 044 256	129 379	891 392	339 965
7 586	22 156			922	25 297	5 004	4 365	16 115	23 099
36 036	67 589	448	565	6 924	48 164	26 359	10 756	154 467	31 138
10 757	17 496	42	139	5 336	10 097	12 537	5 815	34 376	3 778
1 151	1 309	685	5 053	8 216	559	1 782	206	1 279	429
22 499	50 590	174	3 203	4 648	14 350	172 243	1 311	28 269	29 750
332	397		2	114	654	456	161	480	118
378	524	1		48	2 264	317	115	520	182
10 650	20 643	90	297	895	60 289	3 727	1 497	13 371	12 506
2 433	4 191	542	1 346	2 111	10 704	929	401	1 566	955
2 299	1 817	9 969	19 731	36 794	1 083	537	65	483	413
40 140	174 745	290	705	13 652	47 465	262 538	7 106	86 323	177 117

湖

		合计	性别		暂住时间			来	
								省内	
			男	女	半年以下	半年至五年	五年以上	市	县
甲		1	2	3	4	5	6	7	8
合计	1	**2 910 721**	**1 656 142**	**1 254 579**	**501 965**	**1 987 993**	**420 763**	**852 465**	**1 376 398**
务工	2	1 526 851	912 414	614 437	253 018	1 041 490	232 343	413 565	760 715
务农	3	167 709	90 699	77 010	34 230	122 773	10 706	48 759	87 636
经商	4	291 608	168 449	123 159	48 871	167 437	75 300	79 442	135 594
服务	5	145 316	70 329	74 987	28 005	79 846	37 465	41 230	60 807
因公出差	6	9 659	6 452	3 207	4 566	3 611	1 482	3 524	3 085
借读培训	7	323 023	176 461	146 562	39 072	252 333	31 618	108 824	152 081
治病疗养	8	7 959	4 296	3 663	2 618	4 176	1 165	2 112	4 630
保姆	9	13 714	4 156	9 558	1 858	8 581	3 275	3 353	7 173
投靠亲友	10	62 778	30 405	32 373	13 392	40 095	9 291	18 658	29 052
探亲访友	11	16 720	9 147	7 573	7 812	7 352	1 556	4 769	5 634
旅游观光	12	11 274	4 857	6 417	10 052	916	306	2 812	2 451
其他	13	334 110	178 477	155 633	58 471	259 383	16 256	125 417	127 540

南

自地区				居住处所					
省外		港澳台	国外	旅店	居民家中	单位内部	工地现场	租赁房屋	其他
市	县								
9	10	11	12	13	14	15	16	17	18
279 400	**398 693**	**1 636**	**2 129**	**92 008**	**437 019**	**617 774**	**291 786**	**1 133 839**	**338 295**
142 163	210 159	77	172	34 074	170 277	321 514	224 107	644 318	132 561
12 078	19 229	4	3	1 239	45 441	9 300	3 657	88 095	19 977
31 234	45 190	117	31	10 925	40 764	28 839	16 612	171 132	23 336
15 526	27 746	5	2	9 853	13 951	40 583	21 189	46 810	12 930
1 742	1 265	16	27	4 248	641	1 760	817	1 771	422
34 512	26 786	146	674	10 211	28 544	175 998	9 528	60 575	38 167
552	664	1		1 060	1 659	1 326	343	1 508	2 063
1 319	1 869			91	8 952	1 750	283	1 108	1 530
6 738	7 966	223	141	1 281	32 271	5 492	2 984	15 099	5 651
2 603	2 876	515	323	1 846	7 761	2 026	1 030	2 190	1 867
2 999	2 222	305	485	5 479	566	1 125	53	1 511	2 540
27 934	52 721	227	271	11 701	86 192	28 061	11 183	99 722	97 251

广

		合计	性别		暂住时间			来	
								省内	
			男	女	半年以下	半年至五年	五年以上	市	县
甲		1	2	3	4	5	6	7	8
合计	1	**32 397 376**	**17 715 027**	**14 682 349**	**8 776 757**	**18 222 535**	**5 398 084**	**3 594 334**	**6 073 351**
务工	2	24 184 936	13 423 544	10 761 392	6 487 455	13 877 966	3 819 515	2 400 900	4 324 786
务农	3	502 443	272 993	229 450	73 914	288 805	139 724	59 039	94 802
经商	4	1 900 618	1 161 586	739 032	401 794	1 027 931	470 893	336 708	408 179
服务	5	1 825 405	845 439	979 966	365 181	1 139 825	320 399	243 959	353 499
因公出差	6	85 560	53 311	32 249	40 790	36 201	8 569	16 060	14 007
借读培训	7	648 824	363 833	284 991	183 470	337 604	127 750	108 411	162 497
治病疗养	8	27 358	14 475	12 883	12 778	11 446	3 134	4 789	6 113
保姆	9	148 160	22 323	125 837	33 220	80 690	34 250	18 316	34 138
投靠亲友	10	762 049	366 018	396 031	298 002	347 302	116 745	90 114	182 730
探亲访友	11	270 252	132 897	137 355	115 053	117 080	38 119	34 835	44 099
旅游观光	12	109 625	61 020	48 605	69 086	29 879	10 660	19 299	21 859
其他	13	1 932 146	997 588	934 558	696 014	927 806	308 326	261 904	426 642

东

自地区：省外市	自地区：省外县	自地区：港澳台	自地区：国外	居住处所：旅店	居住处所：居民家中	居住处所：单位内部	居住处所：工地现场	居住处所：租赁房屋	居住处所：其他
9	10	11	12	13	14	15	16	17	18
7 712 794	**14 790 026**	**150 549**	**76 322**	**271 824**	**1 518 732**	**7 069 495**	**836 399**	**21 015 767**	**1 685 159**
5 811 464	11 566 695	52 566	28 525	62 599	743 172	6 012 100	672 933	15 835 675	858 457
120 003	227 884	375	340	7 047	30 761	106 533	49 898	254 022	54 182
473 805	628 064	40 816	13 046	33 840	173 817	216 787	22 645	1 317 653	135 876
471 572	751 769	2 735	1 871	20 402	80 876	369 951	21 713	1 214 650	117 813
24 953	24 227	3 961	2 352	31 827	5 035	15 885	1 737	25 864	5 212
133 144	232 597	5 546	6 629	4 153	73 344	147 642	2 640	349 020	72 025
6 974	8 846	448	188	2 310	3 809	4 089	232	12 570	4 348
37 969	57 399	131	207	602	57 905	9 149	2 193	68 118	10 193
146 634	330 310	7 579	4 682	5 508	125 664	23 877	2 891	529 946	74 163
62 164	108 149	13 620	7 385	23 726	78 781	11 130	2 286	132 392	21 937
29 869	29 724	4 178	4 696	56 966	16 321	3 221	828	21 763	10 526
394 243	824 362	18 594	6 401	22 844	129 247	149 131	56 403	1 254 094	320 427

广

		合计	性别		暂住时间			来	
								省内	
			男	女	半年以下	半年至五年	五年以上	市	县
甲		1	2	3	4	5	6	7	8
合计	1	**1 882 767**	**1 201 718**	**681 049**	**406 491**	**980 203**	**496 073**	**281 692**	**753 728**
务工	2	881 133	562 301	318 832	136 627	601 451	143 055	103 218	461 853
务农	3	31 553	18 605	12 948	2 306	19 449	9 798	7 713	12 972
经商	4	148 966	92 678	56 288	22 898	90 634	35 434	29 338	61 363
服务	5	62 588	34 961	27 627	9 376	34 173	19 039	10 442	29 159
因公出差	6	18 229	15 190	3 039	17 178	1 042	9	1 876	10 275
借读培训	7	82 772	46 427	36 345	8 267	61 141	13 364	18 362	30 837
治病疗养	8	509	271	238	126	343	40	32	157
保姆	9	3 556	1 304	2 252	93	1 946	1 517	679	1 515
投靠亲友	10	43 265	24 601	18 664	5 952	25 498	11 815	7 981	17 152
探亲访友	11	21 797	11 824	9 973	9 444	11 870	483	3 536	11 703
旅游观光	12	162 168	105 727	56 441	161 893	269	6	74 157	44 994
其他	13	426 231	287 829	138 402	32 331	132 387	261 513	24 358	71 748

西

自地区				居住处所					
省外		港澳台	国外	旅店	居民家中	单位内部	工地现场	租赁房屋	其他
市	县								
9	10	11	12	13	14	15	16	17	18
207 836	**638 133**	**449**	**929**	**249 133**	**737 589**	**182 905**	**87 237**	**537 729**	**88 174**
90 986	224 810	137	129	33 174	299 244	97 141	67 772	340 195	43 607
3 809	7 059			78	8 982	1 543	1 768	16 043	3 139
21 739	36 352	101	73	8 589	36 921	10 537	5 129	79 604	8 186
10 074	12 906	3	4	5 981	8 042	7 079	5 548	33 254	2 684
1 146	4 932			17 233	631	231	13	103	18
14 969	18 391	6	207	991	10 674	49 716	1 410	14 019	5 962
240	79		1	3	291	38		174	3
410	952				2 569	400		562	25
7 127	10 919	40	46	423	20 641	3 503	486	13 326	4 886
1 960	4 523	20	55	8 004	7 697	495	345	5 134	122
32 175	10 655	114	73	161 813	334		18	3	
23 201	306 555	28	341	12 844	341 563	12 222	4 748	35 312	19 542

海

甲		合计	性别		暂住时间			来	
			男	女	半年以下	半年至五年	五年以上	省内	
								市	县
甲		1	2	3	4	5	6	7	8
合计	1	**885 121**	**547 985**	**337 136**	**109 209**	**469 148**	**306 764**	**159 846**	**228 449**
务工	2	484 697	332 576	152 121	62 359	264 253	158 085	81 713	118 039
务农	3	31 000	16 953	14 047	2 754	13 665	14 581	6 493	9 044
经商	4	64 506	38 621	25 885	5 528	40 535	18 443	11 996	16 039
服务	5	85 828	42 703	43 125	8 030	48 690	29 108	16 327	28 940
因公出差	6	4 675	2 741	1 934	1 017	1 180	2 478	994	595
借读培训	7	53 397	25 099	28 298	7 104	36 574	9 719	12 813	14 411
治病疗养	8	12 510	7 822	4 688	952	8 594	2 964	950	5 491
保姆	9	6 573	1 471	5 102	939	3 230	2 404	818	3 374
投靠亲友	10	18 609	10 373	8 236	2 947	7 101	8 561	2 409	5 316
探亲访友	11	13 724	7 465	6 259	3 083	6 091	4 550	1 650	2 816
旅游观光	12	19 320	10 122	9 198	7 898	5 670	5 752	2 776	2 338
其他	13	90 282	52 039	38 243	6 598	33 565	50 119	20 907	22 046

南

自地区				居住处所					
省外		港澳台	国外	旅店	居民家中	单位内部	工地现场	租赁房屋	其他
市	县								
9	10	11	12	13	14	15	16	17	18
197 808	**291 999**	**2 714**	**4 305**	**20 643**	**119 661**	**126 859**	**164 444**	**382 758**	**70 756**
107 950	176 196	357	442	6 876	49 500	60 982	129 514	205 494	32 331
4 686	10 537	97	143	186	4 550	2 144	10 205	9 542	4 373
11 240	24 480	261	490	1 668	14 514	4 167	1 330	36 720	6 107
18 185	22 333	5	38	972	10 243	18 254	5 493	47 668	3 198
1 450	1 577	40	19	940	216	549	1 031	1 610	329
18 343	7 075	55	700	295	6 181	28 869	142	14 680	3 230
2 688	3 351	15	15	305	1 973	505	100	8 955	672
1 011	1 370			100	3 002	662	1 351	1 274	184
5 792	4 723	241	128	613	7 028	2 451	2 807	5 037	673
3 180	3 605	1 211	1 262	1 075	5 232	1 491	418	4 819	689
6 069	7 246	258	633	7 227	1 807	1 213	321	7 019	1 733
17 214	29 506	174	435	386	15 415	5 572	11 732	39 940	17 237

重

甲		合计	性别		暂住时间			来 省内	
			男	女	半年以下	半年至五年	五年以上	市	县
甲		1	2	3	4	5	6	7	8
合计	1	**6 361 734**	**3 553 931**	**2 807 803**	**781 024**	**3 786 745**	**1 793 965**	**1 030 862**	**3 781 196**
务工	2	4 011 565	2 362 407	1 649 158	487 531	2 442 580	1 081 454	622 354	2 371 385
务农	3	29 131	15 883	13 248	6 079	17 421	5 631	4 127	19 896
经商	4	298 738	165 364	133 374	27 907	160 867	109 964	36 138	190 181
服务	5	330 426	167 821	162 605	24 817	189 381	116 228	52 200	208 523
因公出差	6	53 697	30 998	22 699	5 502	35 228	12 967	15 339	25 301
借读培训	7	630 856	324 210	306 646	65 511	381 943	183 402	111 759	359 257
治病疗养	8	43 457	21 497	21 960	21 770	16 712	4 975	7 713	32 589
保姆	9	5 140	740	4 400	739	2 368	2 033	431	4 164
投靠亲友	10	250 949	102 857	148 092	26 555	133 066	91 328	47 926	142 972
探亲访友	11	75 495	34 775	40 720	26 397	41 504	7 594	14 891	46 693
旅游观光	12	8 859	4 449	4 410	3 219	3 896	1 744	4 735	2 836
其他	13	623 421	322 930	300 491	84 997	361 779	176 645	113 249	377 399

庆

自地区				居住处所					
省外		港澳台	国外	旅店	居民家中	单位内部	工地现场	租赁房屋	其他
市	县								
9	10	11	12	13	14	15	16	17	18
306 236	**1 243 440**			**24 443**	**1 712 715**	**1 538 873**	**441 596**	**2 088 118**	**555 989**
168 468	849 358			9 124	919 482	861 631	417 854	1 482 615	320 859
633	4 475			35	16 633	1 368	2 238	6 071	2 786
13 384	59 035			925	87 209	21 217	2 847	150 881	35 659
14 250	55 453			1 589	120 476	39 924	4 301	141 099	23 037
5 087	7 970			869	9 877	27 785	1 310	11 233	2 623
46 534	113 306			1 196	32 849	506 439	474	40 823	49 075
1 400	1 755			258	1 623	38 098	15	2 019	1 444
78	467			2	3 087	516	4	1 473	58
15 711	44 340			17	213 915	2 947	374	28 679	5 017
4 076	9 835			805	56 397	8 313	1 012	6 554	2 414
460	828			1 838	3 821	237	25	2 096	842
36 155	96 618			7 785	247 346	30 398	11 142	214 575	112 175

四

甲		合计	性别		暂住时间			来	
			男	女	半年以下	半年至五年	五年以上	省内	
								市	县
甲		1	2	3	4	5	6	7	8
合计	1	**6 377 977**	**3 734 587**	**2 643 390**	**2 687 014**	**2 925 766**	**765 197**	**1 947 365**	**2 981 116**
务工	2	3 811 098	2 298 045	1 513 053	1 564 678	1 835 182	411 238	1 135 672	1 839 378
务农	3	101 468	59 613	41 855	34 224	44 669	22 575	21 552	68 053
经商	4	696 586	415 846	280 740	238 981	327 500	130 105	250 955	272 493
服务	5	234 711	112 398	122 313	83 431	113 109	38 171	64 568	113 174
因公出差	6	114 856	68 942	45 914	104 195	8 430	2 231	37 508	49 569
借读培训	7	415 353	235 644	179 709	115 039	249 079	51 235	116 728	193 388
治病疗养	8	23 147	12 817	10 330	16 757	4 709	1 681	6 642	11 200
保姆	9	31 308	3 931	27 377	10 148	17 071	4 089	6 675	18 669
投靠亲友	10	236 149	118 689	117 460	87 236	104 452	44 461	74 432	103 480
探亲访友	11	115 309	65 754	49 555	47 401	59 465	8 443	42 881	38 903
旅游观光	12	126 716	54 329	72 387	116 899	7 995	1 822	47 565	37 164
其他	13	471 276	288 579	182 697	268 025	154 105	49 146	142 187	235 645

川

自地区				居住处所					
省外		港澳台	国外	旅店	居民家中	单位内部	工地现场	租赁房屋	其他
市	县								
9	10	11	12	13	14	15	16	17	18
680 101	**748 833**	**7 096**	**13 466**	**366 873**	**1 242 686**	**1 356 914**	**635 794**	**2 386 683**	**389 027**
387 822	439 336	3 011	5 879	53 189	604 466	841 394	548 876	1 638 889	124 284
5 228	6 575	46	14	2 797	53 327	7 263	5 731	25 649	6 701
77 682	93 969	882	605	27 093	121 007	63 010	28 491	365 087	91 898
23 682	33 191	25	71	8 595	31 280	60 936	8 814	112 316	12 770
14 400	13 185	31	163	88 399	2 991	15 708	1 461	3 705	2 592
41 788	59 873	391	3 185	11 678	50 606	209 369	5 622	77 914	60 164
3 144	2 123	17	21	3 142	6 787	5 049	69	6 833	1 267
1 770	4 181	2	11	117	22 462	906	776	6 421	626
27 064	29 845	750	578	3 665	149 776	13 151	5 901	47 255	16 401
21 675	10 202	601	1 047	7 483	73 563	3 856	1 359	25 451	3 597
22 397	17 362	902	1 326	100 314	11 134	1 700	268	8 001	5 299
53 449	38 991	438	566	60 401	115 287	134 572	28 426	69 162	63 428

贵

甲		合计	性别		暂住时间			来	
								省内	
			男	女	半年以下	半年至五年	五年以上	市	县
甲		1	2	3	4	5	6	7	8
合计	1	**1 878 206**	**1 141 405**	**736 801**	**297 510**	**942 758**	**637 938**	**408 078**	**739 494**
务工	2	1 008 899	653 709	355 190	142 101	548 897	317 901	225 151	420 132
务农	3	44 845	26 251	18 594	8 078	20 723	16 044	12 038	19 108
经商	4	395 153	231 783	163 370	56 663	191 139	147 351	78 190	134 369
服务	5	131 078	64 086	66 992	24 060	61 945	45 073	28 184	51 717
因公出差	6	4 164	2 753	1 411	2 010	1 216	938	1 121	1 678
借读培训	7	47 723	26 818	20 905	6 063	25 977	15 683	12 627	22 274
治病疗养	8	2 126	1 220	906	801	783	542	620	880
保姆	9	5 166	1 485	3 681	677	3 002	1 487	1 248	2 859
投靠亲友	10	61 604	33 157	28 447	10 453	30 848	20 303	15 053	21 681
探亲访友	11	11 841	6 616	5 225	4 596	4 445	2 800	2 764	3 339
旅游观光	12	16 093	8 554	7 539	13 499	1 505	1 089	1 534	2 208
其他	13	149 514	84 973	64 541	28 509	52 278	68 727	29 548	59 249

州

自地区				居住处所					
省外		港澳台	国外	旅店	居民家中	单位内部	工地现场	租赁房屋	其他
市	县								
9	10	11	12	13	14	15	16	17	18
303 404	**426 201**	**440**	**589**	**32 504**	**260 376**	**223 710**	**288 911**	**929 617**	**143 088**
141 447	221 870	42	257	5 632	98 354	142 990	243 489	457 445	60 989
6 035	7 657	6	1	447	11 408	4 069	5 246	18 456	5 219
82 515	99 941	99	39	4 792	63 787	21 311	15 966	256 646	32 651
24 464	26 696	3	14	3 167	19 567	15 780	8 731	72 140	11 693
770	585	1	9	1 622	557	807	171	836	171
6 431	6 350	11	30	664	7 154	18 326	539	17 332	3 708
252	372	2		163	509	255	108	779	312
269	790			20	2 806	201	168	1 556	415
10 304	14 448	75	43	214	33 045	3 923	3 676	15 592	5 154
2 297	3 252	110	79	787	6 025	707	696	2 457	1 169
7 928	4 348	41	34	12 491	1 077	468	187	1 173	697
20 692	39 892	50	83	2 505	16 087	14 873	9 934	85 205	20 910

		合计	性别		暂住时间			来	
								省内	
			男	女	半年以下	半年至五年	五年以上	市	县
甲		1	2	3	4	5	6	7	8
合计	1	**3 175 657**	**2 022 406**	**1 153 251**	**327 002**	**1 511 105**	**1 337 550**	**416 631**	**1 491 559**
务工	2	2 065 993	1 375 609	690 384	207 650	1 053 998	804 345	260 720	1 044 325
务农	3	104 295	64 830	39 465	6 320	27 779	70 196	7 359	67 502
经商	4	604 983	378 844	226 139	72 279	249 846	282 858	79 750	181 101
服务	5	137 057	53 992	83 065	16 566	63 104	57 387	21 307	63 649
因公出差	6	5 158	3 769	1 389	1 484	2 046	1 628	1 471	1 799
借读培训	7	40 641	21 757	18 884	1 974	17 600	21 067	7 153	26 996
治病疗养	8	1 864	996	868	533	1 023	308	709	628
保姆	9	10 083	262	9 821	539	3 759	5 785	1 442	7 035
投靠亲友	10	33 419	17 336	16 083	4 584	17 513	11 322	6 020	15 464
探亲访友	11	10 728	6 341	4 387	1 611	4 499	4 618	2 284	5 073
旅游观光	12	5 699	3 630	2 069	644	2 557	2 498	1 680	1 858
其他	13	155 737	95 040	60 697	12 818	67 381	75 538	26 736	76 129

南

自地区				居住处所					
省外		港澳台	国外	旅店	居民家中	单位内部	工地现场	租赁房屋	其他
市	县								
9	10	11	12	13	14	15	16	17	18
358 678	**906 081**	**630**	**2 078**	**34 004**	**548 495**	**466 137**	**333 462**	**1 393 510**	**400 049**
215 407	545 411	48	82	13 115	331 372	312 771	310 064	927 569	171 102
6 134	23 298	2		889	41 635	8 034	8 185	15 196	30 356
95 356	247 009	291	1 476	4 732	88 685	49 798	5 100	343 975	112 693
18 832	33 269			2 072	24 298	52 800	702	44 325	12 860
705	1 174	9		1 337	585	1 019	746	968	503
1 828	4 369	6	289	731	2 088	18 488	669	9 535	9 130
232	295			168	484	61	14	950	187
497	1 109			93	6 008	656	33	1 062	2 231
4 193	7 731	2	9	1 030	15 751	3 897	841	7 745	4 155
1 062	2 272	34	3	852	5 354	448	591	1 908	1 575
857	898	213	193	3 808	574	372	53	413	479
13 575	39 246	25	26	5 177	31 661	17 793	6 464	39 864	54 778

西

		合计	性别		暂住时间			来	
								省内	
			男	女	半年以下	半年至五年	五年以上	市	县
甲		1	2	3	4	5	6	7	8
合计	1	**482 771**	**312 044**	**170 727**	**148 185**	**269 990**	**64 596**	**42 406**	**141 632**
务工	2	271 063	187 902	83 161	91 503	155 390	24 170	15 466	78 273
务农	3	9 148	5 746	3 402	3 009	3 694	2 445	1 141	2 455
经商	4	96 119	58 022	38 097	17 449	55 869	22 801	10 726	22 831
服务	5	40 379	20 165	20 214	9 033	25 320	6 026	3 040	9 739
因公出差	6	2 982	2 144	838	2 215	707	60	1 432	528
借读培训	7	2 039	1 108	931	725	1 106	208	206	1 219
治病疗养	8	4 713	3 407	1 306	3 008	1 226	479	664	3 661
保姆	9	1 926	333	1 593	214	1 284	428	166	1 517
投靠亲友	10	9 084	4 931	4 153	2 987	4 311	1 786	967	4 516
探亲访友	11	6 249	3 412	2 837	4 423	1 529	297	841	3 121
旅游观光	12	2 699	1 485	1 214	2 222	453	24	185	261
其他	13	36 370	23 389	12 981	11 397	19 101	5 872	7 572	13 511

藏

自地区				居住处所					
省外		港澳台	国外	旅店	居民家中	单位内部	工地现场	租赁房屋	其他
市	县								
9	10	11	12	13	14	15	16	17	18
75 422	**223 130**	**9**	**172**	**15 025**	**65 362**	**33 450**	**109 704**	**236 217**	**23 013**
36 843	140 338	5	138	3 649	23 416	16 223	102 847	121 423	3 505
924	4 628			248	2 318	186	380	4 122	1 894
22 864	39 686	4	8	3 352	16 115	8 554	2 934	60 072	5 092
8 150	19 450			1 621	2 936	3 966	1 787	28 239	1 830
392	630			1 855	255	174	209	473	16
250	364			186	629	648		509	67
96	292			571	2 694	266	42	914	226
24	210		9	118	1 388	294	4	115	7
892	2 698		11	412	6 360	878	103	1 130	201
1 247	1 037		3	318	4 195	735	316	660	25
1 491	762			1 868	438	59		331	3
2 249	13 035		3	827	4 618	1 467	1 082	18 229	10 147

陕

		合计	性别		暂住时间			来	
								省内	
			男	女	半年以下	半年至五年	五年以上	市	县
甲		1	2	3	4	5	6	7	8
合计	1	**2 437 641**	**1 520 580**	**917 061**	**282 932**	**1 456 388**	**698 321**	**462 711**	**940 690**
务工	2	1 379 590	899 624	479 966	139 721	830 725	409 144	235 245	586 028
务农	3	17 023	10 842	6 181	3 205	8 129	5 689	2 819	8 591
经商	4	366 164	231 706	134 458	31 561	239 444	95 159	66 769	100 565
服务	5	206 683	98 788	107 895	36 148	99 896	70 639	47 204	71 059
因公出差	6	9 024	5 068	3 956	3 956	4 045	1 023	3 428	2 125
借读培训	7	205 798	113 499	92 299	12 277	141 219	52 302	49 952	68 690
治病疗养	8	7 092	3 718	3 374	4 127	2 216	749	2 276	3 037
保姆	9	10 618	1 304	9 314	1 341	6 101	3 176	2 064	5 052
投靠亲友	10	20 762	11 882	8 880	5 745	10 285	4 732	6 263	7 405
探亲访友	11	9 232	5 785	3 447	5 854	2 115	1 263	2 756	3 613
旅游观光	12	25 213	16 631	8 582	20 033	3 691	1 489	8 783	5 770
其他	13	180 442	121 733	58 709	18 964	108 522	52 956	35 152	78 755

西

自	地	区		居	住	处		所	
省外		港澳台	国外	旅店	居民家中	单位内部	工地现场	租赁房屋	其他
市	县								
9	10	11	12	13	14	15	16	17	18
396 669	**634 161**	**348**	**3 062**	**83 604**	**327 825**	**429 081**	**340 792**	**1 116 252**	**140 087**
196 699	359 788	214	1 616	24 675	199 430	193 232	290 770	621 433	50 050
1 856	3 757			200	4 024	3 175	2 954	5 574	1 096
72 508	126 211	40	71	12 898	37 173	27 858	18 420	261 976	7 839
38 352	50 020	17	31	8 761	21 385	39 865	20 682	108 321	7 669
1 907	1 558	1	5	4 544	829	1 701	646	1 143	161
44 745	41 304	5	1 102	3 991	9 374	127 874	1 768	25 963	36 828
874	905			1 089	1 323	2 622	34	1 768	256
1 228	2 271	1	2	22	7 986	246	200	1 400	764
3 428	3 633	3	30	1 129	11 099	2 197	753	4 512	1 072
1 313	1 441	31	78	1 219	5 569	779	333	919	413
7 075	3 545	14	26	20 674	1 473	1 068	76	1 460	462
26 684	39 728	22	101	4 402	28 160	28 464	4 156	81 783	33 477

甘

		合计	性别		暂住时间			来	
								省内	
			男	女	半年以下	半年至五年	五年以上	市	县
甲		1	2	3	4	5	6	7	8
合计	1	**2 086 169**	**1 347 310**	**738 859**	**783 571**	**1 159 762**	**142 836**	**328 463**	**1 092 164**
务工	2	819 793	573 406	246 387	219 635	528 888	71 270	117 719	438 760
务农	3	57 976	36 729	21 247	23 510	29 338	5 128	9 675	31 880
经商	4	273 447	168 517	104 930	41 030	199 282	33 135	39 192	139 019
服务	5	175 083	91 542	83 541	49 685	115 057	10 341	25 090	95 969
因公出差	6	20 970	14 222	6 748	15 943	4 759	268	4 696	12 280
借读培训	7	168 244	95 280	72 964	20 349	140 735	7 160	27 091	117 068
治病疗养	8	2 406	1 424	982	1 068	1 270	68	532	1 517
保姆	9	3 760	591	3 169	952	2 346	462	377	3 022
投靠亲友	10	19 588	9 373	10 215	6 034	11 788	1 766	3 018	12 161
探亲访友	11	10 586	6 244	4 342	3 569	6 510	507	1 660	6 506
旅游观光	12	368 126	248 203	119 923	365 260	2 838	28	76 056	127 610
其他	13	166 190	101 779	64 411	36 536	116 951	12 703	23 357	106 372

自地区				居住处所					
省外		港澳台	国外	旅店	居民家中	单位内部	工地现场	租赁房屋	其他
市	县								
9	10	11	12	13	14	15	16	17	18
226 865	**428 088**	**5 155**	**5 434**	**416 199**	**191 527**	**290 516**	**354 177**	**681 663**	**152 087**
74 364	188 880	5	65	7 127	63 316	137 235	295 076	265 419	51 620
8 599	7 822			609	25 769	4 019	4 340	12 649	10 590
32 482	62 738	6	10	4 834	28 770	23 504	16 709	179 179	20 451
15 582	38 436	1	5	5 216	13 422	28 224	11 355	105 966	10 900
1 648	2 346			18 020	150	1 224	433	637	506
5 406	18 658		21	12 406	21 531	78 585	2 266	36 698	16 758
96	261			385	625	310	75	851	160
80	277		4	10	3 138	45	33	443	91
1 572	2 811		26	315	11 878	683	565	4 423	1 724
812	1 585	4	19	435	7 291	261	160	1 945	494
78 173	75 870	5 139	5 278	364 414	1 567	89	31	1 118	907
8 051	28 404		6	2 428	14 070	16 337	23 134	72 335	37 886

青

		合计	性别		暂住时间			来	
								省内	
			男	女	半年以下	半年至五年	五年以上	市	县
甲		1	2	3	4	5	6	7	8
合计	1	**741 768**	**489 077**	**252 691**	**234 061**	**362 654**	**145 053**	**65 566**	**297 110**
务工	2	322 480	234 876	87 604	81 067	182 968	58 445	21 240	135 205
务农	3	31 119	16 834	14 285	2 635	8 988	19 496	813	21 629
经商	4	135 216	90 508	44 708	36 928	64 017	34 271	13 659	37 534
服务	5	67 409	36 594	30 815	17 238	36 105	14 066	8 529	32 938
因公出差	6	27 755	16 858	10 897	22 248	5 363	144	3 824	11 337
借读培训	7	9 608	5 441	4 167	1 934	4 775	2 899	877	5 782
治病疗养	8	2 567	1 439	1 128	1 792	668	107	342	1 737
保姆	9	1 022		1 022	128	624	270	113	144
投靠亲友	10	6 360	3 831	2 529	1 273	4 306	781	956	3 372
探亲访友	11	8 994	5 637	3 357	4 157	4 694	143	1 190	3 991
旅游观光	12	71 384	38 029	33 355	49 476	19 849	2 059	7 959	19 707
其他	13	57 854	39 030	18 824	15 185	30 297	12 372	6 064	23 734

海

自地区				居住处所					
省外		港澳台	国外	旅店	居民家中	单位内部	工地现场	租赁房屋	其他
市	县								
9	10	11	12	13	14	15	16	17	18
115 752	**263 196**	**2**	**142**	**125 698**	**90 234**	**80 622**	**166 165**	**210 938**	**68 111**
38 420	127 554		61	7 335	25 308	41 748	139 553	87 433	21 103
703	7 974			110	12 404	1 275	1 531	9 942	5 857
25 295	58 711		17	13 502	15 282	8 990	10 544	73 433	13 465
9 215	16 727			3 094	6 354	19 034	9 116	26 041	3 770
4 835	7 759			24 150	1 943	158	239	355	910
563	2 361		25	23	2 862	4 375	164	2 050	134
172	316			1 637	413	24	300	125	68
470	295			15	354			167	486
648	1 384			131	4 115	212	156	1 308	438
1 148	2 664		1	3 933	4 062	26	89	758	126
24 584	19 133	1		57 378	7 125	1 318	1 400	1 868	2 295
9 699	18 318	1	38	14 390	10 012	3 462	3 073	7 458	19 459

		合计	性别		暂住时间			来	
								省内	
			男	女	半年以下	半年至五年	五年以上	市	县
甲		1	2	3	4	5	6	7	8
合　计	1	**260 575**	**181 094**	**79 481**	**42 751**	**130 863**	**86 961**	**34 521**	**96 417**
务　工	2	143 912	109 229	34 683	21 760	82 290	39 862	16 306	45 234
务　农	3	35 937	20 628	15 309	2 224	15 523	18 190	4 008	29 098
经　商	4	30 885	21 776	9 109	3 035	14 594	13 256	5 801	9 232
服　务	5	30 809	17 441	13 368	5 471	10 955	14 383	4 298	8 590
因公出差	6	947	602	345	901	46		415	199
借读培训	7	2 897	1 814	1 083	290	2 456	151	931	1 244
治病疗养	8	64	37	27	55	9		12	38
保　姆	9	442	3	439	86	290	66	63	128
投靠亲友	10	1 630	898	732	626	845	159	355	458
探亲访友	11	400	204	196	321	71	8	96	111
旅游观光	12	7 196	4 935	2 261	7 112	84		1 098	515
其　他	13	5 456	3 527	1 929	870	3 700	886	1 138	1 570

夏

自地区				居住处所					
省外		港澳台	国外	旅店	居民家中	单位内部	工地现场	租赁房屋	其他
市	县								
9	10	11	12	13	14	15	16	17	18
46 412	**82 750**	**455**	**20**	**10 592**	**59 519**	**41 199**	**47 511**	**89 399**	**12 355**
26 792	55 294	286		1 082	15 822	31 832	37 365	55 477	2 334
1 212	1 619			26	28 646	362	556	2 490	3 857
6 285	9 564		3	799	4 797	3 065	2 951	17 262	2 011
5 963	11 852	106		370	7 857	5 016	6 360	10 301	905
253	80			804	18	54	13	42	16
395	327			66	407	95	9	526	1 794
13	1			27	25		5	7	
46	205				349	17		26	50
273	490	52	2	53	651	159	82	456	229
102	91			80	272	25	4	19	
4 109	1 453	11	10	7 195	1				
969	1 774		5	90	674	574	166	2 793	1 159

新

甲		合计	性别		暂住时间			来	
			男	女	半年以下	半年至五年	五年以上	省内	
								市	县
甲		1	2	3	4	5	6	7	8
合计	1	**6 245 223**	**4 990 225**	**1 254 998**	**4 179 886**	**1 282 578**	**782 759**	**394 355**	**835 349**
务工	2	1 681 045	1 111 040	570 005	209 684	926 804	544 557	131 646	356 818
务农	3	322 237	187 094	135 143	92 590	159 835	69 812	19 065	116 844
经商	4	186 119	121 241	64 878	78 998	64 983	42 138	20 649	58 508
服务	5	54 848	29 845	25 003	7 070	28 769	19 009	10 019	12 630
因公出差	6	150 367	100 017	50 350	137 478	8 690	4 199	21 682	61 939
借读培训	7	45 163	24 264	20 899	3 388	14 788	26 987	7 392	24 394
治病疗养	8	4 075	2 302	1 773	2 167	1 506	402	265	1 611
保姆	9	8 280	4 731	3 549	470	4 825	2 985	613	1 678
投靠亲友	10	26 226	11 988	14 238	4 072	9 013	13 141	4 201	9 303
探亲访友	11	33 960	21 787	12 173	24 570	6 871	2 519	2 586	8 727
旅游观光	12	3 376 487	3 127 154	249 333	3 368 822	4 857	2 808	86 489	118 409
其他	13	356 416	248 762	107 654	250 577	51 637	54 202	89 748	64 488

疆

自地区				居住处所					
省外		港澳台	国外	旅店	居民家中	单位内部	工地现场	租赁房屋	其他
市	县								
9	10	11	12	13	14	15	16	17	18
3 575 194	**1 436 331**	**494**	**3 500**	**3 888 134**	**429 397**	**293 933**	**311 300**	**786 168**	**536 291**
321 506	871 053	4	18	51 556	229 837	215 551	276 279	579 666	328 156
30 355	155 972	1		4 993	135 344	31 292	24 000	70 305	56 303
36 526	70 434		2	77 810	15 218	8 096	3 415	52 485	29 095
11 681	20 507	9	2	3 217	5 843	9 931	2 126	27 111	6 620
19 515	47 221		10	145 317	611	1 732	93	1 258	1 356
1 945	11 408		24	1 440	1 506	17 736	43	4 673	19 765
89	2 109		1	3 215	198	49	12	314	287
1 899	4 090			226	2 635	352	1 291	1 317	2 459
5 990	6 728		4	3 357	10 637	1 096	361	5 589	5 186
5 740	15 636	35	1 236	22 158	7 611	461	236	2 122	1 372
3 014 944	154 456	440	1 749	3 348 266	2 068	394	119	1 528	24 112
125 004	76 717	5	454	226 579	17 889	7 243	3 325	39 800	61 580

主要指标解释

1. 暂住人口：指离开常住户口所在地的市、县到其他市（不含市辖县）、乡（镇）居住3日以上的人员。

2. 市：指经国务院批准设置的市级行政区，包括省（自治区、直辖市）辖市和地（州、盟）辖市。

3. 县：指国务院批准设置的县级行政区。

4. 务工：指从事工业、手工业、建筑业、运输业等劳务人员。

5. 务农：指从事种植业、养殖业、畜牧业等人员。

6. 经商：指从事经营贸易等人员。

7. 服务：指从事商业、饮食业、修理业等人员。